UTB 3855

W0012255

Eine Arbeitsgemeinschaft der Verlage

Böhlau Verlag • Wien • Köln • Weimar
Verlag Barbara Budrich • Opladen • Toronto
facultas.wuv • Wien
Wilhelm Fink • Paderborn
A. Francke Verlag • Tübingen
Haupt Verlag • Bern
Verlag Julius Klinkhardt • Bad Heilbrunn
Mohr Siebeck • Tübingen
Nomos Verlagsgesellschaft • Baden-Baden
Ernst Reinhardt Verlag • München • Basel
Ferdinand Schöningh • Paderborn
Eugen Ulmer Verlag • Stuttgart
UVK Verlagsgesellschaft • Konstanz, mit UVK / Lucius • München
Vandenhoeck & Ruprecht • Göttingen • Bristol
vdf Hochschulverlag AG an der ETH Zürich

Markus Plate

Grundlagen der Kommunikation

Gespräche effektiv gestalten

2., durchgesehene Auflage

Vandenhoeck & Ruprecht

Dr. Markus Plate, Dipl.-Psych. (geb. 1975), ist Kommunikationstrainer, Coach und Berater. Er ist Experte für Kommunikationstechniken sowie Nachfolge und Familienstrategie in Familienunternehmen. Nach dem Psychologiestudium in Marburg und Osnabrück Arbeit als Wissenschaftlicher Mitarbeiter und Promotion am Lehrstuhl für Führung und Dynamik von Familienunternehmen am Wittener Institut für Familienunternehmen (Universität Witten/Herdecke). Zurzeit lehrt er als Stipendiat der „Forskningsstiftelserna Handelsbanken" an der Jönköping International Business School (JIBS), Schweden. Zu seinen Schwerpunkten gehören die Themen »Leadership Communication« sowie »Leadership and relationships in the Family Business«.

Für ASW und CE – weil sie Menschen helfen

Mit 5 Abbildungen und 40 Tabellen

Online-Angebote oder elektronische Ausgaben sind erhältlich unter **www.utb-shop.de**

Bibliografische Information der Deutschen Nationalbibliothek

Die Deutsche Nationalbibliothek verzeichnet diese Publikation in der Deutschen Nationalbibliografie; detaillierte bibliografische Daten sind im Internet über http://dnb.d-nb.de abrufbar.

© 2015, Vandenhoeck & Ruprecht GmbH & Co. KG, Göttingen/
Vandenhoeck & Ruprecht LLC, Bristol, CT, U.S.A.
www.v-r.de

Umschlaggestaltung: Atelier Reichert, Stuttgart
Satz: Ruhrstadt Medien AG, Castrop-Rauxel
Druck und Bindung: CPI books GmbH, Ulm

UTB-Band-Nr. 3855
ISBN 978-3-8252-4290-9

Inhalt

Vorwort

Was „ist" eigentlich Kommunikation? Ich erinnere mich an meine Grund-
schulzeit, da erinnerte ein Lehrer zu Beginn eines neuen Schuljahres, vielleicht war es das zweite oder dritte, uns Schüler daran, dass Hauptwörter –
also Dinge, die man anfassen kann – immer groß geschrieben werden
müssten. „Und ihr wisst", so sagte er mit einem Lächeln, „den Ofen darf man
ja nicht anfassen, der ist heiß. Also muss der dann wohl klein geschrieben
werden!" Kommunikation kann man auch nicht anfassen (sie mag manchmal sogar auch „heiß" sein), muss sie deshalb also vielleicht auch klein geschrieben werden?

Wie ist das denn eigentlich? Ein Ding ist sie ganz offenbar nicht, die Kommunikation, auch wenn wir sie in der Alltagssprache manchmal so behandeln: „Unsere Kommunikation stimmt nicht!", sagt vielleicht ein Team, das
bei einem Supervisor um Beratung nachsucht. „Wir wollen unsere Kommunikation verbessern!", sagt ein Paar in der Paarberatung oder gar: „Wir haben
gar keine Kommunikation mehr miteinander!" Wenn dann der/die BeraterIn
antwortet: „Ah ja, Ihre Kommunikation – wo ist sie denn geblieben? Haben
Sie vielleicht eine Ahnung, wo Sie sie verloren haben?", dann zeigt die Ab-
surdität dieser Frage schnell, dass Kommunikation eben keine „Sache" ist,
sondern etwas anderes, etwas ganz anderes!

Was ist es denn dann? Jetzt zu sagen, sie sei ein „Prozess", kommt dem
Ganzen zwar schon näher, aber wirklich befriedigend ist das auch nicht. Das
Wort „Prozess" ist ja wieder nur eine Verdinglichung, die nichts erklärt, nicht
verstehen hilft. Wie kann man Kommunikation fassen? Wer sagt, dass da
Information von A nach B „fließt", der muss den Unterschied zwischen dem
Informationsaustausch zwischen zwei Computern (oder würde man das
auch schon „Kommunikation" nennen??) und zwischen zwei Menschen erklären können. Ich jedenfalls würde nicht sagen, dass die Computer kommunizieren (auch „kommunizierende Röhren" kommunizieren nicht in
dem Sinn, wie ich Kommunikation hier verstehe). Denn zwischen ihnen
entsteht kein neuer Sinn, die eine Maschine hat nicht schon eine explizite
oder implizite Erwartung davon, was die andere meint, wenn sie spricht, sie
fragt auch nicht, ob die andere Maschine es vielleicht nicht ehrlich meint

oder ob sie ihr selbst nur schmeicheln will, um etwas anderes zu erreichen. Ihr fällt nicht zu dem, was sie von der anderen Seite mitgeteilt bekommt, eine kleine Geschichte ein, die sie in ihre Antwort einflicht in der Erwartung, dass der andere Computer schon begreifen wird, was sie „eigentlich" meint. In dem Moment, während ich dies schreibe, erinnere ich mich an einen Abschnitt bei Bateson, er erzählt da eine kleine Geschichte: „Ein Mann wollte wissen, wie es sich mit dem Geist verhält – nicht in der Natur, sondern in seinem eigenen großen Computer. Er fragte ihn (zweifellos in makellosem Fortran): ‚Rechnest du damit, dass du jemals denken wirst wie ein menschliches Wesen?' Die Maschine machte sich daran, ihre eigenen Rechengewohnheiten zu analysieren. Schließlich druckte sie ihre Antwort auf einem Stück Papier aus, wie dies solche Maschinen zu tun pflegen. Der Mann eilte hin, um die Antwort zu erfahren, und fand die sauber getippten Worte vor: ‚Das erinnert mich an eine Geschichte'."[1] Mit dieser Geschichte wollte Bateson, so schreibt er, auf etwas aufmerksam machen. Er wollte die Verbundenheit der Menschen untereinander herausstellen, die sich daraus ergibt, dass sie Sinn konstruierende Wesen sind, deren Denken sich mit Hilfe von Geschichten vollzieht.

Kommunikation ist, so gesehen, der Weg, über den im ständigen Spiel von Information, Mitteilung und Verstehen Menschen gemeinsam Sinn erzeugen, es „fließt" da nichts von einem zum anderen. Der Sinn „ist" nicht in dem einen oder dem anderen, er ist „dazwischen", Kommunikation hat keinen Ort, sie ist immer gemeinsame Sinnerzeugung. Das Wort „Spiel" gefällt mir hier: Kommunikation als Spiel, über das Menschen die vielen „Sinn-Bälle" in der Luft halten, die unser soziales Leben ausmachen und es mit Sinn und Sinnlichkeit erfüllen.

Aber – und das ist die andere Seite: Kommunikation kann auch in harte Muster gerinnen, ein wechselseitiger Prozess gemeinsamer Sinnerzeugung kann sich verfestigen, er kann den ihn gemeinsam erzeugenden Personen die Luft zu Atmen nehmen. Dann kann sich ein solches Gefühl einstellen, dass die Kommunikation nicht „stimmt". Dann hat man sich in einem Gefüge gemeinsamer Sinnkonstruktion auf eine Weise verfangen, dass zunehmend bei den beteiligten Akteuren negative Gefühle entstehen oder gar Gefühle der Leere und Sinn-losigkeit überhand nehmen. Auch wenn man es nach wie vor als ein Spiel sehen kann, das Spiel ist nicht gut, es ist gefährlich, es kann manchmal sogar tödlich sein. Das ist der Moment, wo es wichtig und nötig wird, die Kommunikation dafür zu nutzen, dass sie sich selbst „reparieren"

---

1   Bateson, G. (1982). Geist und Natur, Frankfurt: Suhrkamp, S.22.

kann. Man beginnt, über die Kommunikation nachzudenken und mit ihrer Hilfe ihre eigenen Sackgassen aufzuspüren und zu analysieren.

Im Laufe der Geschichte, insbesondere in den letzten Jahrzehnten ist die Fähigkeit von Menschen gewachsen, sich im gemeinsamen Denken auf sich selbst zu beziehen und sich aus den selbst geschaffenen Ausweglosigkeiten zu befreien. Die Gesetzmäßigkeiten und Mechanismen des Kommunizierens, ihre psychologischen und ihre sozialen Fallen, sind uns heute in einem Maß bewusst und der Analyse zugänglich, wie dies wohl zuvor noch nie möglich war. Wir können heute die Strickmuster, wie sich die gemeinsame Erzeugung von Sinn zwischen Menschen über Kommunikation vollzieht, besser verstehen und damit die vielen möglichen Sackgassen, Fallen und Missverständnisse vermeiden. Um das in vielen wissenschaftlichen Feldern gewonnene Wissen optimal nutzen zu können, muss es zusammengeführt und praxisnah aufbereitet werden – und genau das ist das Anliegen des vorliegenden Buches. Es gibt dem Leser Orientierungshilfen an die Hand, sich im gemeinsamen Prozess der Sinnerzeugung bewusster zu orientieren, anders zu verstehen und neue Kommunikationsangebote zu machen. Wer immer sich mit dem eigenen Kommunizieren befassen will, aus privaten oder beruflichen Gründen, wird hier eine Fundgrube an Anregungen bekommen.

Ich wünsche diesem wichtigen Buch die große Leserschaft – und natürlich Leserinnenschaft –, die es verdient.

Witten/Osnabrück im Oktober 2012   Arist von Schlippe

1. Einführung

„Nichts ist praktischer als eine gute Theorie!" Eine gute Theorie liefert dem Praktiker Orientierungshilfen und Vorgehensanweisungen, um erfolgreich handeln zu können. Das Handeln, um das es in diesem Buch geht, ist kommunikatives Handeln. Die theoretischen Zugänge – neun moderne Klassiker der Kommunikation – behandeln vor allem die Grundlagen der Kommunikation, d.h. Modelle, die im Prinzip auf alle kommunikativen Situationen angewendet werden können.

Die theoretischen Bestandteile in diesem Buch haben eine dreifache Funktion. Zum einen stehen sie für sich. Wer die Ansätze von Klassikern wie Watzlawick, Rogers, Satir, aber auch Rosenberg, Schulz von Thun und anderen kompakt zusammengefasst verstehen will, kann die Theorieteile als reine Informationsquelle nutzen. Es wurde darauf geachtet, möglichst nah an den Original-Modellen zu bleiben. Außerdem ist dieser Text mit Exkursen angereichert, die bestimmte Aspekte der im Original nur angerissenen oder implizit vorausgesetzten Themen weiter ausführt. Wer sich darüber hinaus informieren möchte, kann in der Originalliteratur oder in der weiterführenden Literatur nachlesen.

Zum anderen bieten die theoretischen Zugänge Möglichkeiten, Kommunikation zu verstehen und zu analysieren. Dies ist die erste Ebene, auf der die Theorie praktisch fruchtbar gemacht wird. Die Modelle stellen uns dabei Sprache und Begriffe zur Verfügung, mit denen über Kommunikation gesprochen werden kann. Diese metakommunikative Funktion bietet Möglichkeiten zur Reflexion und damit Lernmöglichkeiten in der Rückschau auf bereits geschehene Interaktion.

Schließlich können aus den Modellen Folgerungen gezogen werden, um das eigene kommunikative Handeln zu verbessern. Dies ist die zweite Ebene, auf der die Theorie fruchtbar gemacht wird. Die Detailtiefe reicht dabei von konkreten Anleitungen, wie beispielsweise Fragen formuliert werden, über Merkmale zur Beziehungsgestaltung bis hin zu Orientierungen für den Gesprächsverlauf.

Das Buch ist also kein reines Praktikerbuch, das sich in ‚how to'-Anweisungen erschöpft, sondern es verknüpft Theorie und Verstehensmöglichkeiten mit Anleitungen für die Praxis.

Der strukturell-pragmatische Ansatz der Praxis wird dabei von einem *humanistisch-systemischen Grundverständnis* getragen, das sowohl diesem Buch als auch den meisten Modellen zu eigen ist. Dies impliziert eine Haltung zum Mitmenschen, die auf eine wertschätzende Beziehung, menschliches Wachstums und die zirkuläre Bezogenheit aller Interaktion abstellt. Diese Haltung ist zwar hoch praxisrelevant, kann aber nicht ‚einfach so' gelernt werden, da sie die eigene Haltung zum Leben berührt. Das Buch versteht sich auch deshalb als Aufruf, diese Haltung auszuprobieren und bei Gefallen in den Alltag zu übernehmen.

Für jedes der Modelle werden ausführliche Beispiele gegeben und Übungen zum Ausprobieren bereitgestellt. Hierbei handelt es sich gewissermaßen um ‚Schwungübungen', die eine bestimmte Technik isoliert trainieren. Werden diese Techniken dann einzeln beherrscht, fällt es später leicht, sie in der Hektik des Alltags oder sogar in Konflikten anzuwenden.

1.1 Soziale Kompetenz

Kommunikatives Handeln wird in diesem Buch unter einer pragmatischen Perspektive betrachtet. Pragmatisch heißt hier zum einen ‚praktisch anwendbar'. Zum anderen verweist es darauf, die verhaltensmäßige Dimension von Kommunikation – eine soziale Tätigkeit – zu fokussieren. Dies stellt auf Kompetenzen in sozialen Situationen ab.

Der Begriff der sozialen Kompetenz ist komplex – von daher finden sich viele unterschiedliche Definitionen in der Literatur. Für die Zwecke dieses Buchs handelt es sich um die Fähigkeit (und damit verbunden um die Fertigkeiten), die es einem Menschen ermöglichen, ein bestimmtes Verhalten zu zeigen (Kanning 2009). Es handelt sich also um eine latente Variable.

Sozial kompetentes Verhalten wird hier verstanden als „*Kompromiss zwischen Anpassung und Durchsetzung*" (Kanning 2009, S. 15; Hervorhebung im Original). Es geht also darum, „eigene Interessen in sozialen Interaktionen zu verwirklichen, ohne dabei jedoch die Interessen seiner Interaktionspartner zu verletzen" (Kanning 2009, S. 15). Die allgemeinen sozialen Kompetenzen lassen sich (nach Kanning 2005, S. 9) in drei Bereiche unterteilen: perzeptiv-kognitiv, motivational-emotional und behavioral (s. Tabelle 1).

Tabelle 1: Allgemeine soziale Kompetenzen

Perzeptiv-kognitiv	Motivational-emotional	Behavioral
• Selbstaufmerksamkeit	• Emotionale Stabilität	• Extraversion
• Personenwahrnehmung	• Prosozialität	• Durchsetzungsfähigkeit
• Perspektivenübernahme	• Wertepluralismus	• Handlungsflexibilität
• Kontrollüberzeugung		• Kommunikationsfertigkeiten
• Entscheidungsfreudigkeit		• Konfliktverhalten
• Wissen		• Selbststeuerung

Von diesen *allgemeinen* sozialen Kompetenzen unterscheidet man die *spezifischen* sozialen Kompetenzen, die durch deren Bezogenheit auf den Arbeitsplatz oder andere Lebensumstände geprägt werden. Sie werden in diesem Buch, das eine allgemeine Einführung in die Grundlagen der Kommunikation geben soll, jedoch nicht berücksichtigt.

Folgt man der Einteilung von Kanning (2005), so werden im diesem Buch primär das *Wissen* und die *Kommunikationsfertigkeiten* angesprochen. Sekundär wird durch das Kennenlernen und Üben verschiedener Kommunikationsmodelle die *Handlungsflexibilität* erhöht. Die Übungen ermöglichen eine andere *Personenwahrnehmung* und *Selbstaufmerksamkeit* und fördern die *Perspektivenübernahme*.

1.2 Übungen

Übungen sind ein integraler Bestandteil des Aufbaus neuer Fähigkeiten. Jedem in diesem Buch vorgestellten Modell werden Übungen an die Seite gestellt, um die neuen Fertigkeiten oder Haltungen ausprobieren zu können. Es handelt sich dabei um erste Einführungen, die leicht im Alltag angewendet und bei Interesse vertieft werden können.

Die Übungen können als Einzel-, Triaden oder Gruppenübung durchgeführt werden – welche Variante am besten passt, wird jeweils an den entsprechenden Punkten aufgeführt.

Typischerweise werden die Übungen jedoch in Triaden durchgeführt. Dabei hat jeder der Beteiligten eine andere Rolle, die mit A, B oder C abgekürzt wird. A steht für die Person mit dem ‚Anliegen‘, B für den ‚Berater‘, und C für den ‚Coach‘ des Beraters. Üblicherweise hat A ein Anliegen, eine Thematik, die besprochen werden soll, und liefert das ‚Material‘, mit dem B arbeiten kann. B übt das jeweilige Kommunikationsmodell, wendet es entsprechend der Situation an und stellt A seine Aufmerksamkeit und Kompetenz zur Verfügung. C beobachtet das Geschehen, macht sich Notizen, gibt am

Ende Rückmeldungen, achtet gegebenenfalls auf die Zeit und steht bei Bedarf als Ressource zur Verfügung, wenn B gerade nicht weiter weiß. Ist eine Übungssequenz beendet, leitet C die Auswertung der Übung. C fragt zunächst A, wie er/sie die Situation erlebt hat, was hilfreich war bzw. gut funktioniert hat und was vielleicht nicht so hilfreich war. C kann hier präzisieren, was sich als Handlungsalternative angeboten hätte. Danach fragt C, wie B die Situation erlebt hat, was in der Rolle gut geklappt hat, was eher schwer gefallen ist. Schlussendlich gibt C Feedback darüber, was er/sie beobachtet hat. Hierzu gehören Sequenzen, die gut funktioniert haben bzw. Sequenzen, die eher kritisch gesehen werden. Ein weiteres Kriterium ist, inwiefern das Modell angemessen angewendet wurde. Hier kann man gegebenenfalls eine konstruktive Empfehlung aussprechen. Wichtig ist zum einen, dass C nicht zum ‚Richter‘ wird. Zum anderen ist von Bedeutung, dass C auch die systemische Perspektive, welche die *beiden* Kommunikationspartner A und B im Blick hat, widerspiegelt und hilfreiche Anregungen gibt.

Ist ein Durchlauf fertig, wechseln die Rollen, sodass jede Person einmal A, B und C ist. Die jeweiligen Übungen werden in den entsprechenden Kapiteln dargelegt.

1.3 Struktur des Buchs

Das Buch gibt eine Einführung in neun der wichtigsten Kommunikationsmodelle. Es handelt sich hierbei um moderne ‚Klassiker‘ oder Modelle, die das Thema in besonders typischer oder prägnanter Weise behandeln.

Die Kapitel sind im Prinzip gleich gestaltet. Zunächst gibt es eine Einführung zu den Autoren und deren Hintergrund. Es folgt eine kurze Charakterisierung der Ausgangslage und Problemstellung, auf die sich das Modell bezieht. Im Anschluss wird das Modell näher beschrieben. Jedes Kapitel wird abgeschlossen mit Verweisen auf die Primärliteratur und weiterführende Literatur sowie Übungen.

Jedes der pragmatischen Modelle streift bestimmte Themenbereiche, die auf andere Theorien und Erkenntnisse verweisen. Beispielsweise wird im Harvard-Konzept vermittelt, dass Menschen sich gern ins beste Licht stellen und Informationen entsprechend ihren Überzeugungen verzerren. Dies sind aus dem täglichen Umgang in Verhandlungsprozessen gewonnene Erkenntnisse der Autoren, die auf der Ebene des Phänomens verbleiben – es wird gesagt: Menschen sind so und so. An solchen Stellen werden im Text Exkurse eingeschoben, die diesen Teil weiter ausführen und damit sowohl Erkenntnisse vertiefen als auch Anknüpfungspunkte für das eigene Studium bieten.

2. Grundlagen: Paul Watzlawick, Janet Beavin und Don D. Jackson

Zwischen 1953 und 1962 arbeiten Gregory Bateson (1904–1980), John Weakland (1919–1995), Jay Haley (1923–2007), Don D. Jackson (1920–1968) und William F. Fry (*1924) an einem bahnbrechenden Projekt, das die Theorie der logischen Typen[1] von Alfred North Whitehead (1861–1947) und Bertrand Russell (1872–1970) auf den Bereich der Kommunikation übertragen sollte. Nun rücken der Kommunikationsprozess als solcher, sein Kontext und die Idee des Paradoxes in den Blickwinkel der Forschung. Aus dem Forschungsprojekt entstehen ungezählte Beiträge zu einem systemischen Verständnis von psychischer Gesundheit, Krankheit, Interaktion und Beziehung – u.a. die sog. ‚doublebind-theory' der Schizophrenie[2].

Später leistet jeder der Beteiligten in weiteren Bereichen der Psychologie weitere Pionierarbeit: So entwickelt Weakland mit Paul Watzlawick (1921–2007) und Richard Fisch (1926–2011) die Kurzzeittherapie. Jay Haley studiert den Begründer der modernen Hypnotherapie Milton Erickson (1901–1980), gründet den ‚Strategischen Ansatz' und arbeitet mit Salvador Minuchin (*1923), dem Begründer der strukturellen Familientherapie, zusammen. William F. Fry wird für seine Arbeit über Humor berühmt.

Don D. Jackson gründet 1959 das Mental Research Institute in Palo Alto, Kalifornien. Dieses Institut bildet die Keimzelle für viele revolutionäre Entwicklungen im Bereich der Psychotherapie und Kommunikationswissenschaften. Jackson gilt zu Lebzeiten als einer der einflussreichsten Psychologen und Psychiater der USA und als Pionier der ‚kybernetischen Revolution' und der systemischen Therapie und Familientherapie. Statt den Fokus auf das Individuum und seine Psychodynamik oder auf reines

---

1   Erschienen in der ‚Principia Mathematica' (Whitehead & Russell 1910, 1912, 1913). Durch die Unterscheidung logischer Ebenen sollten Paradoxien vermieden werden.

2   Vgl. Bateson 1985.

Verhalten zu legen, steht dort die Interaktion und Beziehung des Individuums im Kontext der sozialen Gruppe im Vordergrund der Betrachtung. Die sog. ‚Palo-Alto-Gruppe‘, bestehend u.a. aus Jackson, Haley, Virginia Satir (1916–1988) und Paul Watzlawick, forscht zur Schizophrenie, Psychotherapie und Kommunikation. Watzlawick leistet wichtige Beiträge zur Entwicklung des Konstruktivismus und wird auch durch populärwissenschaftliche Bücher berühmt. Janet Beavin bleibt der wissenschaftlichen Forschung treu und wird Professor für Psychologie.

Die Arbeit der Bateson- und Palo-Alto-Gruppe wirkt bis heute nach und leistete einen wichtigen Beitrag für unser Verständnis von Kommunikation, Therapie und psychisch-sozialer Krankheit.

Quelle: Bateson Research Projects, 2012 / Biography of Don D. Jackson, 2012

2.1 Ausgangslage und Herausforderung

Watzlawick, Beavin und Jackson beschäftigen sich in ihrem Buch *Menschliche Kommunikation* (1969, S. 13) mit den „pragmatischen (den verhaltensmäßigen) Wirkungen der menschlichen Kommunikation". Die beiden zentralen Begriffe lauten Kommunikation und Pragmatik. Unter Kommunikation im engeren Sinne [3] verstehen sie (S. 50f.) sowohl eine einzelne *Mitteilung* als auch die *Interaktion*, d.h. eine aufeinander bezogene Abfolge von Mitteilungen. Der Begriff der Pragmatik verweist dabei auf die Zeichenlehre (Semiotik), in der Syntaktik, Semantik und Pragmatik unterschieden werden.

Beschäftigt sich die Syntaktik mit der Beziehung zwischen den *Zeichen* (im Prinzip der Grammatik), und die Semantik mit der Beziehung zwischen *Zeichen* und *Bezeichnetem* (im Prinzip der Bedeutung), stellt die Pragmatik auf den Zusammenhang von Zeichen und *Bezeichnendem* ab. Es geht hierbei um die Auswirkung der Verwendung von Zeichen, also um die „verhaltensmäßige Wirkung der Kommunikation" (S. 23), wobei die Begriffe „Kommunikation und Verhalten [...] praktisch gleichbedeutend" verwendet werden: „In dieser pragmatischen Sicht ist demnach nicht nur die Sprache, sondern alles Verhalten Kommunikation, und jede Kommunikation – selbst die kommunikativen Abschnitte jedes Kontextes – beeinflußt das Verhalten".

Die Autoren rücken damit „die zwischenmenschliche *Sender-Empfänger-Beziehung auf der Basis der Kommunikation*" (S. 23; Hervorhebungen im

---

3   Im weiteren Sinne meinen Watzlawick et al. (1969) mit Kommunikation das Wissensgebiet der Kommunikationswissenschaft.

Original) in den Vordergrund ihrer Betrachtung. Betont wird eher die *Beziehung* zwischen den beteiligten Personen, nicht aber deren *Natur* (Charakter, Seele oder Persönlichkeit). Hiermit wenden sich Watzlawick et al. (1969, S. 28) gegen eine Psychologie, die sich auf monadische Begriffe wie „Einstellung, Abhängigkeit, Extraversion, Intraversion" beruft und damit Aspekte, die eigentlich ein *Prozess* zwischen verschiedenen Elementen sind, verdinglicht („reifiziert")[4]. Hier wird auch bereits die konstruktivistische Sichtweise von Watzlawick et al. deutlich. Es geht um Beziehungen, Zusammenhänge und Funktionen, nicht jedoch um Dinge, Substanz und Eigenschaften.

Watzlawick, Beavin und Jackson bedienen sich dabei vielfältiger Begriffe aus der damals aufstrebenden Wissenschaft der Kybernetik. Hierzu gehört u.a. die Betonung von Information und Rückkoppelung. Von einer Rückkoppelung spricht man, wenn eine Variable A auf eine Variable B einwirkt, die Variable B aber wiederum auf die Variable A einwirkt. Das System ist *zirkulär* angelegt und kann – je nach Art der Rückkoppelung – Abweichungen korrigieren (d.h. das System stabilisieren) oder Abweichungen betonen (d.h. das System immer weiter aus dem Gleichgewicht bringen). Kommunikationsprozesse werden ebenfalls als kreisförmig geschlossen betrachtet.

Eine weitere Analogie ziehen Watzlawick et al. zur Mathematik, in der die Mathematik an sich und die *Metamathematik* unterschieden werden. Die Metamathematik liefert eine Sprache, die es ermöglicht, *über* die Mathematik zu sprechen. Analog hierzu wird Kommunikation und Metakommunikation, d.h. Kommunikation über Kommunikation, unterschieden. Die Arbeit von Watzlawick et al. kann dementsprechend so verstanden werden, dass uns eine neue Begriffssprache zur Verfügung gestellt wird, mit der wir fruchtbar über Kommunikation und deren Zirkularität sprechen können.

2.2 Pragmatische Axiome der Kommunikation

Watzlawick et al. spitzen ihre Pragmatik der zwischenmenschlichen Kommunikation zu fünf ‚Axiomen' zu, also nicht mehr weiter begründbaren Aussagen, welche die Eckpunkte der Pragmatik menschlicher Kommunikation markieren sollen. Im Folgenden werden diese fünf Axiome dargestellt. Die Autoren gehen noch über diese fünf Axiome hinaus, weswegen der interessierte Leser auf die Originalliteratur verwiesen wird.

---

4   S. hierzu auch Kap. 8.2.4.

2.2.1 Man kann nicht nicht kommunizieren

Das erste Axiom lautet: *Man kann nicht nicht kommunizieren.* Watzlawick et al. argumentieren, dass Kommunikation Verhalten sei (s.o.) – und stellen damit sowohl auf den verbalen Sprechakt als auf nonverbales Verhalten ab. Verhalten jedoch hat kein Gegenteil – man kann sich nicht nicht verhalten, sondern immer nur verhalten, dies aber auf sehr viele verschiedene Arten. „Wenn man also akzeptiert, daß alles Verhalten in einer zwischenpersönlichen Situation Mitteilungscharakter hat, d.h. Kommunikation ist, so folgt daraus, daß man, wie immer man es auch versuchen mag, nicht *nicht* kommunizieren kann" (S. 51; Hervorhebungen im Original). Wenn man sich nicht nicht verhalten kann, dann könne man folglich auch nicht nicht kommunizieren. Etwas vorsichtiger ausgedrückt: Im Beisein eines anderen hat jedes Verhalten einen potenziell kommunikativen Charakter.

Wichtig sind hier zwei Aspekte. Zum einen wird die Möglichkeit betont, dass im Beisein einer anderen Person im Prinzip jedes Verhalten als Kommunikation gelesen werden *kann.* Zum anderen muss aber genauso betont werden, dass dies nicht notwendigerweise der Fall sein *muss.* Auch Watzlawick et al. unterstreichen ja, dass das Verhalten einen Mitteilungs*charakter* hat. Verhalten und Mitteilung sind also nicht beliebig austauschbar oder gar identisch.

Weiterhin legen die Ausführungen von Watzlawick et al., insbesondere die Formulierung des Axioms, das Hauptgewicht auf den *Sender*, der nicht nicht kommunizieren könne. Damit blenden sie allerdings die zweite Bedingung aus, nämlich, dass mindestens eine zweite Person anwesend sein muss, die das Verhalten als Kommunikation *beobachtet.* Damit liegt aber das entscheidende Kriterium nicht im Willen des Senders, nicht kommunizieren zu wollen, sondern in der Beobachtung des Empfängers, ob (und wenn ja: welche) Kommunikation vorliegt. So kann beispielsweise ein schnelles Gehen als bloßes Symptom für Eile gelesen werden oder als Kommunikation der Mitteilung: „Lasst mich in Ruhe, ich bin für euch nicht ansprechbar." Wird ein Verhalten als Kommunikation gelesen, so macht die beobachtende Person einen Unterschied zwischen Verhalten und Information – beides ist nicht miteinander identisch. Das Verhalten – das schnelle Gehen – wird als Mitteilung gelesen, die übermittelte Information ist davon verschieden. Wenn ein Beobachter *Mitteilung* und *Information* unterscheidet und dieses zum *Verstehen* zusammenzieht, sprechen wir von Kommunikation. Würde der Beobachter keinen Unterschied zwischen Verhalten und Information machen – wenn schnelles Gehen also bloß eine Begleiterscheinung von Eile ist –, dann liegt keine Kommunikation vor.[5]

2.2.2 Inhalts- und Beziehungsaspekt

Watzlawick et al. (1969, S. 56; Hervorhebungen im Original) formulieren das zweite pragmatische Axiom wie folgt: *„Jede Kommunikation hat einen Inhalts- und einen Beziehungsaspekt, derart, daß letzterer den ersteren bestimmt und daher eine Metakommunikation ist."*

Sie führen aus, dass der Inhalt einer Mitteilung vordergründig aus ‚Information' bestehe. Weiterhin enthalte die Mitteilung einen Hinweis darauf, wie der Sender die Mitteilung vom Empfänger verstanden wissen möchte. In diesem Sinne sei eine Mitteilung immer doppelförmig – sie enthält eine Information und eine Metainformation, nämlich eine Information$_{Meta}$ darüber, wie die ursprüngliche Information zu verstehen sei. Die ursprüngliche Information wird auch der ‚Inhaltsaspekt' der Mitteilung genannt, die Metainformation auch ‚Beziehungsaspekt'. „Der Inhaltsaspekt vermittelt die ‚Daten', der Beziehungsaspekt weist an, wie diese Daten aufzufassen sind." (S. 55). Dabei wird die Beziehung üblicherweise selten ausdrücklich formuliert, dies geschieht eher en passant. Die Metainformation ist damit zum einen eine Verstehensanweisung für die Information. Zum anderen definiert sie, „wie der Sender die Beziehung zwischen sich und dem Empfänger sieht, und ist in diesem Sinn seine Stellungnahme zum anderen" (S. 53).

2.2.3 Interpunktion von Ereignisfolgen

Das dritte pragmatische Axiom formulieren Watzlawick et al. (1969, S. 61; Hervorhebungen im Original) wie folgt: *„Die Natur einer Beziehung ist durch die Interpunktion der Kommunikationsabläufe seitens der Partner bedingt."*

Eine ‚Interaktion' wurde als Abfolge von mindestens zwei Mitteilungen bestimmt. Im alltäglichen Leben fällt auf, dass sich Mitteilungen selten chaotisch aufeinander beziehen, sondern dass sich – vor allem bei Menschen, die häufiger miteinander interagieren – charakteristische Muster der Interaktion ergeben. Interaktionen haben damit eine Struktur und sind in gewis-

---

5   S. hierzu Luhmann (2001).

ser Weise geordnet. Jedoch unterscheiden sich die Beteiligten manchmal darin, wie die Abfolge von Mitteilungen wahrgenommen wird. Das Zusammenziehen von bestimmten Verhaltenseinheiten wird dabei als ‚Interpunktion' bezeichnet. Die Interpunktion einer Interaktion kann analog der Zeichensetzung in einem mathematischen Term verstanden werden. Je nachdem, welche Operationen wir mit einer Klammer zusammenziehen, ergibt sich ein unterschiedliches Ergebnis. Beispielsweise ergibt $(5*4)+3 = 23$, während $5*(4+3) = 35$ ergibt. Die ‚Fakten', d.h. die Zahlen und Operatoren, sind in beiden Gleichungen dieselben. Die unterschiedliche Interpunktion, d.h. die Klammersetzung, führt jedoch zu einem völlig unterschiedlichen Ergebnis und damit zu einer unterschiedlichen Bedeutung der ‚Fakten'.

Verbindet man den obigen Gedankengang mit der Zirkularität der Kommunikation, so werden durch Interpunktion Ursache und Wirkung bzw. Täter- und Opferpositionen markiert. Dabei stellen Unterschiede in der Interpunktion eine Ursache für (Beziehungs-)Konflikte dar. Üblicherweise erlebt sich jeder der Beteiligten nicht als agierend, sondern als reagierend. Typische Ausdrücke hierfür sind: „Ich mache dies nur, weil …" bzw. „Ich mache dies nur, damit …".

Das klassische Beispiel für Interpunktionen ist das alte Ehepaar. Die Frau beschwert sich, dass der Mann zu viel Zeit in der Kneipe verbringt – was der Mann tatsächlich auch tut. Die Bestandteile der Kommunikation sind abwechselndes ‚beschweren' und ‚in die Kneipe gehen' – und das über Jahre. Die Frau interpunktiert diese Ereignisfolge jedoch als: „Ich beschwere mich nur, weil er so viel in der Kneipe ist." Der Mann interpunktiert diese Ereignisfolge als: „Ich bin nur so viel in der Kneipe, weil sie so viel nörgelt." Beide Partner konstruieren aus denselben ‚Fakten' also unterschiedliche Interpretation der Situation.

Wie dieses Beispiel zeigt, sind Interaktionsfolgen häufig wiederkehrend oder kreisförmig angelegt, sodass sie im Prinzip keinen Anfang und kein Ende haben. Stattdessen stellt bereits die Bestimmung, wer angefangen hat, eine Interpunktion dar.

Exkurs – Fundamentaler Attributionsfehler und Akteur-Beobachter-Effekt

Der sog. ‚fundamentale Attributionsfehler' (‚fundamental attribution error') bezieht sich darauf, dass Menschen das Verhalten anderer Personen eher durch deren Persönlichkeitseigenschaften erklären und vorhandene situative Einflüsse unberücksichtigt lassen (L. Ross 1977). Im Gegensatz dazu tendieren

> wir zu einer Überbetonung situativer Einflüsse, wenn wir unser eigenes Ver-
> halten erklären sollen ('Akteur-Beobachter-Effekt'; Jones / Nisbett 1972).
> Kurz: Andere handeln so, weil dies ihrem Charakter entspricht – wir hingegen,
> weil die Situation uns das so nahe legt.

2.2.4 Digitale und analoge Kommunikation

Watzlawick et al. (1969, S. 68; Hervorhebung im Original) formulieren ihr viertes pragmatisches Axiom wie folgt: *„Menschliche Kommunikation bedient sich digitaler und analoger Modalitäten. Digitale Kommunikationen haben eine komplexe und logische Syntax, aber eine auf dem Gebiet der Beziehungen unzulängliche Semantik. Analoge Kommunikationen dagegen besitzen dieses semantische Potenzial, ermangeln aber die für eindeutige Kommunikation erforderliche logische Syntax."*

Sie unterscheiden eine digitale und eine analoge Ebene der Kommunikation. Die digitale Ebene ist durch ein ‚Entweder – Oder' gekennzeichnet, die analoge durch relativ stufenlos verstellbare Eigenschaften. Auf digitaler Ebene ordnen Watzlawick et al. die Worte einer Sprache ein. Die Worte – Symbole – sind digital in der Hinsicht, dass ein bestimmtes Wort einer bestimmten Abfolge von Buchstaben oder Phonemen entspricht. So heißt ein bestimmtes Wort beispielsweise ‚Katze', und nur ‚Katze', aber nicht ‚Katzu' oder ‚atze'. Auf analoger Ebene ordnen sie die paraverbalen, extraverbalen und nonverbalen Anteile von Sprache ein. Hierzu gehören beispielsweise die Lautstärke, Sprechgeschwindigkeit, Pausenlänge und Häufigkeit, die Tonhöhe und deren Wechsel usw. In Tabelle 2 findet sich eine Übersicht einiger analoger Spracheigenschaften.

Tabelle 2: Übersicht zu paraverbalen, extraverbalen und nonverbalen Eigenschaften

Paraverbal	Extraverbal	Nonverbal
• Lautheit	• Individuelle Stimmeigenschaften (Näseln, Knarzen)	• Mimik
• Tonhöhe	• Typische Eigenschaften aufgrund Alter, Geschlecht usw.	• Gestik
• Sprechgeschwindigkeit	• Dialekt	• Körperhaltung
• Pausen		
• Sprachmelodie		

In der zwischenmenschlichen Kommunikation finden sich immer beide Elemente, digitale wie analoge, die untrennbar miteinander verschränkt sind. Wir sprechen (fast) immer Worte (‚Was wir sagen') und tun dies auf eine bestimmte Art und Weise (‚Wie wir etwas sagen').

Die digitale Kommunikation ist in gewisser Weise abstrakter, flexibler und präziser als die analoge. Sie besitzt eine Syntax, d.h. eine Ordnung der verwendeten Symbole, die vielschichtige Wandlungen und Unterscheidungen zulässt. In Analogie zur Inhalts- und Beziehungsebene kann der Inhalt einer Mitteilung durch die Worte ausgedrückt werden, während die Leseanweisung, wie dieser Inhalt zu verstehen ist, durch die analogen Merkmale ausgedrückt wird. So nutzt man beispielsweise analoge Merkmale, um eine Mitteilung als ‚Ironie' zu kennzeichnen. Sagt eine Person beispielsweise „Toll, super gemacht!" mit einer ärgerlichen Stimme, so folgen wir in der Bedeutungsgebung eher der analogen Modalität als der digitalen.

Weiterhin geben die analogen Merkmale in gewisser Weise Aufschluss über den inneren Zustand des Mitteilenden (ist die Person z.B. wütend?). Dies ist besonders bei dem Thema ‚Aufrichtigkeit' der Kommunikation von Bedeutung, wenn es um die Passung von digitalen und analogen Merkmalen geht (‚lachen' beispielsweise auch die Augen, während die Person ihr ‚Kein Problem!' über die unvorhergesehene Arbeitsbelastung kurz vor Dienstschluss kundtut?). Dies ist für die Beziehungsebene (siehe Kapitel 2.2.2) von besonderer Relevanz, denn wie man zueinander steht, kann nicht nur durch digitale Worte ausgedrückt werden, sondern muss passend dazu analog unterlegt werden. Ohne die richtige analoge Untermalung bleibt jedwede Beziehungsklärung fragwürdig. Dies bedeutet allerdings nicht, dass die digitale Ebene vernachlässigbar wäre – dies kann jeder unmittelbar nachvollziehen, der bereits ‚Beziehungsgespräche' hinter sich gebracht hat.

Exkurs – Deborah Tannen und „That's not what I meant"

Die Wichtigkeit der paraverbalen Elemente und deren Funktion in der Kommunikation hat Deborah Tannen (*1945) erforscht. Sie unterscheidet verschiedene Kommunikationsstile, in denen die soziale Interaktion mittels paraverbaler Bestandteile organisiert wird. Die Kommunikationsstile können interindividuell und interkulturell variieren und zu Missverständnissen und Beziehungsstörungen führen.

Zu den Grundelementen eines Konversationsstils gehören paraverbale Bestandteile („conversational signals"; Tannen 1986, S. 28) wie „pacing and pausing, loudness, and pitch, all of which make up what is commonly thought of as intonation" (ebd.). Die Intonation wirkt sich wiederum auf das Wechselspiel in der Konversation (‚turn-taking'), der Betonung von Wichtigkeit und Ungewöhnlichkeit, dem Zusammenhang von Ideen, sowie dem emotionalen und beziehungsmäßigen Ausdruck aus.

Die Gesprächssignalen werden zu unterschiedlichen Gesprächsmitteln („conversational devices"; Tannen 1986, S. 37) verbunden, nämlich „expressive reactions, asking questions, complaining, and apologizing" (ebd.). Die Gesprächsmittel sind wiederum eingebettet in unterschiedliche – und je nach Stil widersprüchliche – Normen für Höflichkeit (Tannen 1986, S. 18f.).

Höflichkeit bewegt sich im Spannungsfeld von Autonomie und Beziehung – man will sich nicht aufdrängen, aber auch nicht abweisend, freundlich-zugewandt, aber nicht ‚klebrig' sein. So ist jede Konversation aufgehängt in dem Spannungsfeld von Unabhängigkeit und Bezogenheit[6]. Da die Kommunikationsstile jedoch variieren, kann es zu Situationen kommen, in denen beispielsweise die eine Partei aus Höflichkeit den Autonomie-Aspekt betont und dieses auch von der anderen Partei erwartet; die andere Partei jedoch Höflichkeit über Beziehungsnähe herstellen will. Was also höflich-distanziert für die eine Partei ist, wirkt kühl-abweisend auf die andere; und was beziehungsnah für die andere Partei ist, wirkt aufdringlich für die eine.

Im Folgenden werden die Gesprächssignale (1–3) und Gesprächsmittel (4–7) kurz charakterisiert.

1) Geschwindigkeit, Pausen und ‚turn-taking' (Tannen 1986, S. 28–31): Menschen unterscheiden sich individuell und kulturell in der Geschwindigkeit, in der sie sprechen. Versteht man Kommunikation als Wechselspiel, so spricht erst die eine Person, dann die andere, dann wieder die eine usw. Die Wechselpunkte dieses Wechselspiel (wechselndes ‚turn-taking') zu identifizieren, ist nicht leicht – starte ich zu früh, unterbreche ich den anderen und bin unhöflich, starte ich zu spät, wirkt es so, als hätte ich dem anderen keine Aufmerksamkeit geschenkt (auch unhöflich). Da jedoch die Kommunikationsstile unterschiedlich sind, besteht z.B. die Möglichkeit, dass eine Person so schnell spricht, dass ein ‚langsamer' Typ gar nicht in die Pausen dazwischen kommt. Auch kann es geschehen, dass die Rede eines langsamen Typen bei einer für ihn ‚normalen' Pause (die nicht signalisiert, dass man fertig ist) von einem schnellen Typen sofort übernommen wird (für den diese Pausenlänge signalisiert: ich bin fertig).

2) Lautheit – Schreien und Flüstern (Tannen 1986, S. 31–33): Sowohl die absolute Lautheit, als auch der Wechsel zwischen laut und leise signalisieren

---

6   S. zu diesem Spannungsverhältnis auch das sog. ‚Werte- und Entwicklungsquadrat' in Kap. 5.3.

innerhalb der Konversation unterschiedliche Dinge. Wird man lauter, kann dies beispielsweise den Zusammenhang zwischen Ideen („Das ist jetzt wichtig") verdeutlichen, als Wechselsignal verstanden werden („Warte, ich möchte etwas sagen" – „Warte, ich bin noch nicht fertig") oder Emotionen ausdrücken. Wird man leiser, so kann dies bedeuten: „Dies ist jetzt nicht so wichtig", „Ich hab nichts Wesentliches mehr hinzuzufügen" oder „Ich trau mich nicht, das lauter zu sagen". Da Lautheit verschiedene Bedeutungen aufweist und kulturelle und individuelle Unterschiede wirksam werden, können hier schnell Störungen aufkommen.

3) **Tonhöhe – Gefühlsausdruck** (Tannen 1986, S. 33–36): Sowohl die absolute Tonhöhe, als auch vor allem der Wechsel der Tonhöhe sind wichtige Informationssignale in der Kommunikation. Die Wechsel der Tonhöhe signalisieren die Einstellung zum Gesagten sowie dass man ‚dabei' und emotional involviert ist. Auch das ‚turn-taking' ist hiervon berührt. Wie auch im Beispiel oben sorgen hier gegebenenfalls inkompatible Stile für Probleme.

4) **Expressive Reaktionen:** „Ich höre dir zu"/„Du bist verrückt" (Tannen 1986, S. 37f.): Einige Menschen nutzen Lautheit und Geschwindigkeit um anzuzeigen, dass sie wirklich zuhören, das Gesagte verstehen und den anderen ermuntern wollen, weiter zu machen (Ausdruck von Solidarität und Wertschätzung). Andere verstehen dies jedoch möglicherweise als ‚lächerlich-machen' oder ‚in-Zweifel-ziehen': „Whenever anyone receives a more expressive response than expected, the [...] perceived overreactor is seen as having flawed intentions or character: she or he is kidding, pretending exaggerated interest, or exhibiting an over-emotional personality. The flip-side of such differences is getting less reaction than expected and hence the impression that the toned-down listener isn't listening, isn't following, or isn't interested." (Tannen 1986, S. 38).

5) **Fragen stellen / Interesse bekunden / jemanden verhören** (Tannen 1986, S. 38–40): Fragen zu stellen ist ein übliches Kommunikationsmittel, um die eigene Anteilnahme zu demonstrieren und sich für den anderen zu interessieren. Für einige Menschen gehört es zu den Grundsätzen der Höflichkeit, Fragen zu stellen, d.h. aktiv Interesse ausdrücken. Allerdings bewegt sich auch dieses Kommunikationsmittel im Spannungsfeld zwischen ‚Bezogenheit' und ‚Unabhängigkeit', sodass das Fragen nicht nur als ‚aktive Anteilnahme', sondern als ‚aufdrängen / verhören' gelesen werden können. Die andere Ausprägung dieses Stils betont die Unabhängigkeit des anderen und lässt diesen allein entscheiden, ob er/sie sich weitergehend äußern will. Wenn eine Person also höflich-zurückhaltend ist, die andere jedoch aktives Nachfragen erwartet, wird dieses respektvolle Wahren der Unabhängigkeit als ‚Sich-nicht-interessieren' verstanden.

6) **Die Kunst des rituellen Beklagens** (Tannen 1986, S. 40–41): Sich beklagen ist ebenfalls ein wichtiges Kommunikationsmittel. Durch gemeinsames Beklagen – z.B. über den Chef, die Kollegen, das Essen in der Mensa oder die Bahn – kann man Solidarität signalisieren. Beklagt man sich bei einer Freundin, so kann sie dies mitmachen und der Klage zustimmen, um so Solidarität zu signalisieren. Anderseits kann sie ihre Solidarität zum Klagenden auch so signalisieren, dass sie der Klage nicht zustimmt, sondern das Positive hervorhebt. Dies wiederum kann dazu führen, dass sich die erste Person schlecht („Was bin ich negativ", „Wie mies muss ich sein, dies so abwertend zu sehen") und von der Freundin nicht verstanden fühlt.

7) **Erst ich, dann du – ein gutes Beispiel geben** (Tannen 1986, S. 41–42): ‚Mit gutem Beispiel vorangehen' ist ebenfalls ein Kommunikationsmittel, das richtig verstanden sein will. So kann man beispielsweise von sich selbst erzählen (eine Selbstkundgabe, siehe Kapitel 5.2.4), um damit die andere Person zu ermutigen, dies ebenfalls zu tun. Nach dem Motto: „Sieh her, ich vertraue dir und teile diese Informationen mit dir – du kannst das auch tun." Dies kann jedoch bei einem Menschen mit anderem ‚Höflichkeitskompass' als aufdringlich verstanden werden, da die andere Person nur von sich selbst redet.
Ähnliches gilt für ‚rituelles Entschuldigen', bei dem sich die eine Partei als gute Geste bei der anderen Partei entschuldigt und dies nun im Gegenzug auch erwartet (nach dem Motto: beide versöhnen sich, beide übernehmen Verantwortung, beide entschuldigen sich beieinander, shake hands). Reagiert die andere Person auf eine Entschuldigung jedoch nicht mit einer Gegenentschuldigung, sondern Zustimmung („Ja, das hast du wirklich falsch gesehen und überreagiert"), so führt dies zu Verwerfungen.

2.2.5 Symmetrische und komplementäre Interaktionen

Eine Interaktion ist nach Watzlawick et al. eine aufeinander bezogene Abfolge von Mitteilungen. Wenn die Mitteilungen von derselben Art sind, spricht man von ‚symmetrischen Mitteilungen' – das Verhalten beider Parteien ist sozusagen „spiegelbildlich" (S. 69). Sind die Mitteilungen von unterschiedlicher Art, ergänzen sich jedoch gegenseitig, so spricht man von einer ‚komplementären Interaktion'.

In symmetrischen Interaktionen streben beide Parteien nach Gleichheit – das Aufrufen der Symmetrie soll zur Eliminierung von Unterschieden führen. Bateson / Jackson (1964, zitiert nach Sluzki / Beavin 1980, S. 118) definieren die symmetrische Interaktion wie folgt: „ein Verhalten in rivalisierenden und anderen Beziehungen, in denen A deswegen zu einem bestimmten Verhalten veranlaßt wird, weil B eben dieses Verhalten an den Tag legte, B dann mehr desselben tut, weil A es tat, was wieder A veranlaßt, mehr desselben zu tun usw."

Komplementäre Interaktionen bedürfen der Unterschiedlichkeit und damit Ungleichheit, um zu existieren. Steht bei der symmetrischen Interaktion eher die Rivalität und Gleichheit im Vordergrund, geht es bei der komplementären eher um Abhängigkeit und Ungleichheit. Bei komplementären Interaktionen unterscheiden Watzlawick et al. – dabei Jay Haley folgend – zwischen der superioren (primären) und der inferioren (sekundären) Stellung. In der superioren Position übernimmt eine Person die Führung bzw. Betreuung der anderen Person (vgl. Haley 1978). Watzlawick (1964; zitiert nach Watzlawick / Weakland 1980, S. 120) führt aus, dass die diejenige Person die superiore Position einnimmt, welche das Wesen der Interaktion definiert, während die Person in der inferioren Position dies akzeptiert.

Watzlawick et al. sind dabei in ihrer Terminologie nicht eindeutig – mal sprechen sie von symmetrischen und komplementären *Interaktionen*, mal von *Beziehungen*. Zwar wird bei jeder Interaktion auch eine Beziehungsdefinition aktualisiert,[7] doch handelt es sich um unterschiedliche Begriffe mit unterschiedlicher Bedeutung. Dennoch können auch Beziehungen durch den einen oder anderen Interaktionstypus gekennzeichnet sein – man denke an Vorgesetze und Mitarbeiter, Arzt und Patient usw. Dabei ist es möglich, aber nicht zwingend, dass sich eine entsprechend ,eskalierende' Dynamik ergibt. Man muss also die Passung der Interaktion (symmetrisch / komplementär) von der dahinterliegenden positiven Feedbackschleife (mehr des einen führt zu mehr des anderen) unterscheiden.

Exkurs – Symmetrische und komplementäre Eskalation

Bateson (1972) berichtet von einer fortschreitenden Veränderung der menschlichen Interaktion – sei es zwischen Individuen oder Gruppen – die aus der Interaktion selbst entsteht. Diese Veränderung tendiert dazu, sich aufzuschaukeln und zu einem Bruch zwischen den Interaktionspartner zu führen, wenn keine balancierenden Maßnahmen erfolgen.

Wenn beispielsweise die kulturell erwartbare Reaktion auf eine dominante Aktion eine unterwürfige ist, so ist es wahrscheinlich, dass die unterwürfige Aktion wiederum eine dominante auslösen wird. Hier wird wieder die zirkuläre Bezogenheit der menschlichen Interaktion und Kommunikation sichtbar.

---

7   S. Kap. 2.2.2.

Setzen keine weiteren Faktoren diese Entwicklung Grenzen, so wird über die Zeit gesehen die eine Partei immer dominanter, die andere immer unterwürfiger. Neben dieser komplementären Entwicklung findet sich eine symmetrische, beispielsweise wenn Prahlen mit Prahlen beantwortet wird, was wiederum eine gesteigerte Form des Prahlens nach sich zieht usw.

Beide Interaktionsformen stellt Bateson unter den Begriff der ‚Schismogenese', d.h. eines Prozesses, der die Entstehung einer Trennung beschreibt. Hierbei handelt es sich um positiv rückgekoppelte Prozesse, bei denen ‚mehr' des einen zu ‚mehr' des anderen führt. [8] Ohne Kompensationsfaktoren droht sich ein solches System selbst zu zerstören – man denke an das atomare Wettrüsten bzw. militärische Eskalation im Allgemeinen oder die Ausbildung von Hilflosigkeit durch fortwährende Unterordnung oder Bevormundung. Im ersten Fall führen mehr Waffen der Partei A zu einer höheren Bedrohungslage der Partei B. Diese wird nun wiederum aufrüsten, was zu einer Steigerung der Bedrohungslage von A führt. Es liegt also eine symmetrische Eskalation vor. Im zweiten Fall führt mehr Bevormundung und Dominanz von A zu mehr Unterordnung und Hilflosigkeit von B. Mehr Hilflosigkeit von B führt wiederum zu mehr Dominanzverhalten von A, um dieses zu kompensieren („Dann mache ich es lieber selber …"). Dieses führt wiederum dazu, dass B weiter in die Abhängigkeit von A gerät usw. Es liegt eine komplementäre Eskalation vor.

2.3 Übungen

Triadenübung: Analoge und digitale Modalität

Die folgende Übung vermittelt, wie sich die Bedeutung eines Satzes mit der Betonung verschiebt. A, B und C sitzen hierzu in einem Dreieck. A sagt zu B einen Satz und betont dabei das erste Wort. B sagt zu C denselben Satz und betont das zweite Wort. C sagt zu A denselben Satz und betont das dritte Wort usw. Die Triade tauscht sich kurz aus, wie sich die Bedeutung verschiebt.

---

8   Bei einem negativ rückgekoppelten System würde ‚mehr' des einen zu ‚weniger' des anderen führen. Positiv und negativ rückgekoppelt heißt also nicht, dass es um ‚gute oder ‚schlechte' Prozesse geht, sondern bezieht sich auf die Art der Rückkoppelung. Ein anderer Ausdruck hierfür wäre ‚abweichungsvergrößernde' oder ‚abweichungsverkleinernde' Rückkoppelung.

Beispielsätze:

- „Ich helfe dir gern.“
- „Du darfst das Auto gern ausleihen.“
- „Wir müssen immer zusammenhalten.“
- „Du kannst jederzeit um Hilfe bitten.“

Zweierübung: Analoge und digitale Modalität; Inhalts- und Beziehungsebene

Die folgende Übung veranschaulicht, wie die digitale die analoge Modalität prägt und dadurch eine bestimmte Beziehungsqualität entsteht. Der Beispielsatz ist dabei bewusst mehrdeutig gewählt, die Bedeutungsgebung erfolgt also nur über die analoge Modalität.

A und B sitzen sich gegenüber. A sagt einen Satz in folgenden Stimmungen:

- neutral-sachlich,
- erstaunt- interessiert,
- amüsiert-überheblich,
- wütend,
- fassungslos,
- traurig-deprimiert.

B nimmt die Wirkung der Sätze auf. Danach wechseln die Rollen und B sagt jeweils einen zweiten Beispielsatz.

Beispielsätze:

- „Das ist das Ergebnis Ihrer Arbeit? Nach drei Monaten? Da sind Sie ja ganz weit vorn.“
- „Meine Herren, Respekt. Das hast du ja gut hinbekommen. Das kann dir so schnell keiner nachmachen.“
- „Wir müssen uns unbedingt noch mal treffen. Weil es ja das letzte Mal so schön war.“

Einzelübung oder Gruppenübung: Symmetrische und komplementäre Interaktion sowie Interpunktion

A sucht sich ein Beispiel für eine symmetrische und/oder eine komplementäre Interaktion. A beschreibt das Verhalten der ersten Person, deren Wirkung auf die zweite Person, das Verhalten der zweiten Person sowie die Wirkung auf die erste Person. Die entsprechenden Zusammenhänge können in einem Diagramm festgehalten werden.

Alternativ können auch zu folgenden Beispielen Diagramme erstellte werden:

- Frau nörgelt (fühlt sich einsam, möchte Kontakt zum Mann), Mann zieht sich zurück (fühlt sich nicht gemocht).

- Manager macht direktive Ansagen (wünscht sich Eigeninitiative, die er aber nicht bekommt, weshalb er aktiv werden muss), Angestellter wartet auf Instruktion (da der Chef klare Ansagen macht und er nichts falsch machen will).

- Bekannter ‚textet' einen zu (warum sagt er denn nichts, bloß keine peinlichen Pausen entstehen lassen …), man selbst schweigt (der andere interessiert sich ja gar nicht für mich).

- Person 1 zeigt, dass sie ein tougher Typ ist (fühlt sich bedroht, will nicht klein beigeben), Person 2 zeigt, dass er ein tougher Typ ist (fühlt sich bedroht, will nicht klein beigeben).

- Person 1 will dem anderen nicht zuvorkommen und bietet Person 1 den Vorzug (das letzte Stück essen, durch die Tür gehen – „Bitte nach Ihnen"); Person 2 will sich aus Höflichkeit ebenfalls nicht über die andere Person stellen und bietet Person 1 den Vorzug.[9]

2.4 Literatur

Watzlawick, P. / Beavin, J. H. / Jackson, D. D. (1969): Menschliche Kommunikation (12. unveränderte Auflage 2011). Bern: Hans Huber

Watzlawick, P. (1977): Die Möglichkeit des Andersseins (6. Auflage 2007). Bern: Hans Huber

Watzlawick, P. (Hg., 1985): Die erfundene Wirklichkeit. Wie wissen wir, was wir zu wissen glauben? (6. Auflage 2006). München: Piper

Watzlawick, P. / Weakland, J. H. / Fisch, R. (1974): Lösungen. Zur Theorie und Praxis menschlichen Wandels (7. Auflage 2009). Bern: Hans Huber

---

9   Hierbei kann man eine wechselseitige Beziehungsdefinition erkennen, die jeweils vom anderen nicht akzeptiert wird. Ironischerweise ringen beide darum, die inferiore Stellung einzunehmen; in dem sie dieses aber tun, definieren sie die Beziehung und sind damit superior. Nach Watzlawick et al. (1969, S. 70) liegt „Metakomplementarität" vor.

3. Kommunikationsmuster und Selbstwert: Virginia Satir

Virginia Satir (1916–1988) gilt als eine Pionierin der modernen Familientherapie. Sie arbeitet nach Highschool und College zunächst sechs Jahre lang als Lehrerin. Danach studiert sie Sozialarbeit und macht als Bestandteil des Curriculums eine psychoanalytische Ausbildung. Die psychoanalytische Psychotherapie ist am Individuum orientiert, sodass Virginia Satir zunächst primär Einzeltherapie praktiziert, obwohl ihr die Arbeit als Lehrerin gezeigt hat, wie wichtig das Einbeziehen der Eltern bei der Behandlung von Problemen der Schüler ist. Auch hat sie während ihrer Zeit als Lehrerin gelernt, wie wichtig die Betonung der *Stärken* einer Person ist, weshalb sie von der Betonung des Pathologischen eher absieht. Virginia Satir selbst wird als Person mit „außergewöhnlichem Einfühlungsvermögen und eine[m] zutiefst empfundenen Humanismus" (Walker 1998, S. 170) beschrieben. In ihrer Arbeit verbindet sie „Mitgefühl, Humor, menschliche Wärme, Zielbewusstheit, Kreativität und eine hohe Bereitschaft zum Risiko mit einer außerordentlich präzisen Wahrnehmung für zwischenmenschliche Interaktionsprozesse" (ebd.).

1959 gründet Satir gemeinsam mit Don D. Jackson und Jules Riskin das ‚Mental Research Institute' in Palo Alto, an dem sie bis 1966 tätig ist und ihre Form der systemischen Familientherapie lehrt. Auch später ist sie als Lehrtherapeutin aktiv.

In ihrer Arbeit betont Satir vor allem ein ‚Wachstumsmodell' der Welt. Darüber hinaus sind Selbstwert, Kommunikation und Kommunikationsmuster sowie kongruente und inkongruente Kommunikation zentrale Konzepte ihrer Arbeit.

Quelle: Walker 1998.

3.1 Ausgangslage und Herausforderung

Satir geht davon aus, dass die Welt ein Ort „unendlicher Schönheit, unaufhörlicher Entwicklung und Veränderung" (Satir / Baldwin 1987, S. 135) ist.

Das Gleiche gilt für den Menschen. Die Menschen stehen jedoch unterschiedlich mit der ihnen innewohnenden ‚Lebenskraft' in Kontakt. Wenn sie diesen Kontakt verlieren, sind Angst, Depression, Wut, Enttäuschung, Hilflosigkeit usw. die Folge. Teilweise nimmt die Entwicklung eines Individuums einen so unglücklichen Verlauf, dass die „einzigartige Schönheit eines Menschen tief vergraben" liegt (Satir / Baldwin 1987, S. 136). Dies kann sich dahingehend entwickeln, dass ein Mensch selbst- und fremdschädigende Persönlichkeitszüge entwickelt.

3.1.1 Weltmodelle und Menschenbild

Als Rahmen für die Entwicklung in Richtung ‚Wachstum / Kontakt' oder ‚Verkümmerung / Entfremdung' sieht Satir zwei Weltmodelle: Einerseits ein Modell, das Hierarchie gekoppelt mit Unterordnung sowie Belohnung und Strafe betont; andererseits ein Modell, das Wachstum und zwischenmenschliche Begegnung auf Augenhöhe fokussiert.

Das Modell ‚Strafe und Belohnung' betont Rollenkonformität und Unterordnung unter vorgegebene Verhaltensnormen. Hierdurch werden die individuellen Freiheiten eingeschränkt. Personen, die in der Hierarchie oben stehen, legen die Normen fest, während die anderen diesen Normen folgen müssen. Wer den Normen folgt, wird belohnt, wer gegen sie verstößt, wird mit Strafe bzw. Ausgrenzung rechnen müssen. Veränderung wird von der Hierarchie eher als bedrohlich erlebt. Abweichungen von der Ordnung bedrohen diese und müssen dementsprechend ausgeglichen werden. Dementsprechend wird viel Energie darauf verwendet, den Status quo zu erhalten und Abweichler zu strafen oder auszuschließen.

Internalisiert ein Mensch diese externen Standards und verstößt dann gegen sie, empfindet er wahrscheinlich Schuldgefühle. Jedoch ist der Preis für die Rollenkonformität, dass man sein Verhalten nicht an der Befriedigung seiner eigener Bedürfnisse orientiert, sondern an den Erwartungen anderer. Der Mensch entfremdet sich folglich von seinem lebendigen Selbst. Dies kann zu Ärger, Feindseligkeit oder Hoffnungslosigkeit führen. Allerdings ist das hierarchische Modell nur konsequent in der Zügelung der individuellen Freiheit, da der Mensch als prinzipiell ‚böse' bzw. ‚sündhaft' angesehen wird und dementsprechend mit Strafe und Belohnung auf den Pfad der Tugend geleitet werden muss.

Dem Modell ‚Strafe und Belohnung' stellt Satir das ‚Wachstumsmodell' entgegen. Dies setzt bereits beim Menschenbild an, das davon ausgeht, dass

„ein Mensch, der unter günstigen und wachstumsfördernden Umständen aufwächst und lebt, grundsätzlich gut, kreativ, produktiv und liebevoll ist" (Walker 1998, S. 174). Jeder Mensch ist mit einem einzigartigen Potenzial gesegnet und nicht auf seine gesellschaftlich vorgegeben Rollen beschränkt. Dies schließt vielfältige Rollendefinitionen und Facetten der Persönlichkeit ein, die innerhalb der passenden Kontexte gelebt werden können.

Veränderung wird als grundsätzlicher Bestandteil des Lebens angesehen. Zwar kann Veränderung auch Angst machen, doch ist ein Bewusstsein dafür vorhanden, dass „Veränderung neue Möglichkeiten und Entscheidungswege eröffnet, die nie gefunden werden könnten, wenn man sich an den Status quo klammert" (Satir / Baldwin 1987, S. 139).

3.1.2 Selbstwert

Für Virginia Satir ist der Selbstwert bzw. die Selbstachtung von zentraler Wichtigkeit für das menschliche Leben. Satir geht davon aus, dass „der größte Teil menschlicher Probleme und Schmerzen eine Folge niedrigen Selbstwertgefühls ist" (Walker 1998, S. 177). Der Selbstwert ist „die Fähigkeit, sich selbst wertzuschätzen und mit Würde, Liebe und Realismus zu behandeln" (Satir 1990, S. 41). Nach Satir bestimmt der Selbstwert, wie ein Mensch mit anderen Menschen und mit Problemen umgeht.

Menschen haben einen unterschiedlich hohen Selbstwert – Selbstwert ist nicht gleich verteilt. Von diesem interindividuell unterschiedlichen Selbstwertempfinden ist das intraindividuell unterschiedliche Selbstwertempfinden zu unterscheiden. Der jeweils momentan empfundene Selbstwert schwankt bei jedem Menschen üblicherweise über die Zeit. Dabei hat jeder Mensch mal ein Selbstwert-Tief und ein Selbstwert-Hoch. Ein temporäres Selbstwert-Tief ist also etwas anderes als ein dauerhaft niedriger Selbstwert.

Ein Mensch mit hohem Selbstwert ist nach Satir (ebd.) „für Veränderungen offen" und durch „Integrität, Ehrlichkeit, Verantwortlichkeit, Mitgefühl, Liebe und Kompetenz" (Satir 1990, S. 42) gekennzeichnet. Menschen mit einem niedrigen Selbstwertgefühl „leben in der Erwartung, daß man sie betrügt und auf ihnen rumtrampelt und daß andere sie geringschätzen" (ebd.). Typischerweise bedeutet dies auch, „daß man beim Erleben unerwünschter Gefühle versucht, sich so zu verhalten, als ob letztere gar nicht existieren würden. Es erfordert ein ziemlich starkes Selbstwertgefühl, sich die eigenen Minderwertigkeitsgefühle einzugestehen" (Satir 1990, S. 44). Dementsprechend sieht es Satir als ihr Ziel an, „Menschen dabei zu unterstützen, ihre Menschlichkeit wiederzugewinnen. Eigenschaften wie Liebe, persönliche Integrität, Ehrlichkeit, Verantwortung und Leidenschaft strömten ihrer Erfahrung nach natürlich und frei aus einem Menschen, der ein hohes Selbstwertgefühl besitzt" (Walker 1998, S. 178f.).

3.2 Kommunikationsmuster unter Stress

Stehen Menschen unter Stress und wird gleichzeitig ihr Selbstwert in Mitleidenschaft gezogen, so kann man typischerweise eines von vier inkongruenten Kommunikationsmustern beobachten (Bandler / Grinder / Satir 1976, S. 56; Satir 1990, S. 115, 120). Hierbei handelt es sich um:

- *Ablenken*, wodurch man die kritische Situation ignoriert und hofft, dass sie von selbst verschwindet. Ablenken stellt eine Karikatur von ‚Spontaneität' dar.[1]
- *Anklagen*, damit die andere Person den/die Anklagende(n) als stark ansieht. Anklagen stellt eine Karikatur von ‚Macht' dar.
- *Beschwichtigen*, damit die andere Person nicht wütend wird. Beschwichtigen stellt eine Karikatur von ‚Gefälligkeit' dar.
- *Rationalisieren*, wobei man bedrohliche Situationen entweder als harmlos darstellt und/oder den emotionalen Anteil ignoriert. Rationalisieren stellt eine Karikatur von ‚Intellekt' dar.

Diese Kommunikationsmuster werden inkongruent genannt, da bestimmte Anteile im Bewusstsein bzw. der Kommunikation ausgeblendet oder verzerrt werden. Ein fünftes Muster bezieht sich auf die *kongruente Kommunikation*, in der der körperliche Ausdruck frei fließt, die innere Repräsentation der Welt relativ umfassend und der Selbstwert relativ hoch ist.[2]

Die Kommunikationsmuster unterscheiden sich in ihrem Selbsterleben sowie in ihren kommunikativen Verhaltensweisen, d.h. bestimmten Ausdrücken und mimischen sowie gestischen Verhaltensweisen.

Das Selbsterleben ist sowohl durch die jeweils angesprochenen Themen als auch durch die im Bewusstsein der Person repräsentierten Elemente gekennzeichnet. Gleichzeitig bestimmt die Repräsentation im Bewusstsein

---

1   Hier deutet sich bereits an, dass eine wertvolle Eigenschaft zu ihrer übertriebenen Karikatur werden kann. Dieses Verhältnis von einer Tugend und ihrer entwertenden Übertreibung wird in Kap. 5.3 wieder aufgegriffen.

2   S. Bandler et al. (1976, S. 56–63) für eine detaillierte Darstellung der Formen.

typischerweise über deren Verfügbarkeit in der Kommunikation. Bandler et al. nennen hier die Kategorien ‚Selbst', ‚Andere' und ‚Kontext'. Sie fassen ihr Kommunikationsmodell so weit, dass „jede verbale oder non-verbale Kommunikation als Stellungnahme zu drei Erfahrungsbereichen aufgefaßt werden kann" (S. 55). Das ‚Selbst' bezieht sich auf die Person selbst, ‚Andere' auf die Personen, mit denen kommuniziert wird, und der ‚Kontext' bezieht sich auf die Situation, allgemeine Regeln bzw. die Welt im Allgemeinen.[3] Tabelle 3 stellt diese drei Elemente den fünf Kommunikationsmustern gegenüber.

Tabelle 3: Repräsentierte Elemente in Bezug auf Kommunikationsmuster unter Stress

	Selbst	*Andere*	*Kontext*
Ablenken	getilgt	getilgt	getilgt
Anklagen	**repräsentiert**	getilgt	getilgt
Beschwichtigen	getilgt	**repräsentiert**	getilgt
Rationalisieren	getilgt	getilgt	**repräsentiert**
Kongruenz	**repräsentiert**	**repräsentiert**	**repräsentiert**

Der empfundene Selbstwert ist in den inkongruenten Kommunikationsmustern niedrig. Hierzu kommen noch bestimmte Erwartungen, Überzeugungen und Empfindungen. Typischerweise geht es um Wut oder Angst, die alles bis auf das eigene Empfinden ausblendet, z.B.:

* Angst, dass die Beziehung an dem Konflikt zerbrechen wird,
* Angst, dass sich das Gegenüber rächen wird,
* Angst, die Gefühle des Gegenübers zu verletzen,
* Angst, den anderen zu ‚belästigen' („Ich will mich nicht aufdrängen...").

3.2.1 Inkongruente Kommunikationsmuster

Im Folgenden werden die vier inkongruenten Muster inklusive der zugehörigen verbalen und nonverbalen Ausdrucksweisen kurz dargestellt. Dabei handelt es sich immer nur um Hypothesen über die Innenwelt der entsprechenden Personen. Die unten angeführten Kommunikationsmuster sind sehr prägnant charakterisierte Prototypen. Wir sollten sie nicht als diagnos-

---

3   Hieraus ergibt sich auch die Verwendung des Begriffs der ‚Inkongruenz': Nicht alle Bereiche werden kongruent repräsentiert, sondern einige aus dem bewussten Erleben getilgt, wodurch eine Inkongruenz in der Kommunikation und im Selbsterleben entsteht.

tische Kategorien nutzen, in die wir andere oder uns selbst stecken, und auf entsprechende Etiketten verzichten.[4] Stattdessen sollten wir die Muster für intelligente Hypothesenbildung nutzen, um einen ersten Anhaltspunkt in der Kommunikation und im Umgang mit uns selbst zu haben (s.u.).

- **Ablenken**[5]

  Die ablenkende Person ist ambivalent. Auf der einen Seite sucht sie Kontakt, auf der anderen Seite vermeidet sie ihn, da sie Angst vor Gefühlen und engerem Kontakt hat.

  Innerlich fühlt sich die ablenkende Person einsam und ist von einem Gefühl der Sinnlosigkeit erfüllt. Im Gespräch lenkt sie von sich, ihren Gefühlen und Bedürfnissen nach Kontakt sowie Themen, die Stress erzeugen bzw. den Selbstwert bedrohen könnten, ab. Ein typischer innerer *Leitsatz* ist: „Niemand macht sich etwas aus mir. Ich gehöre nirgendwo hin." (Bandler et al. 1976, S. 61).

  Die *Körperhaltung* weist in verschiedene Richtungen, ist unbestimmt ausgerichtet. Die Stimme kann einen Singsang aufweisen und schwankt ohne Zusammenhang mit dem Inhalt.

  Die *Worte* weisen oft nur wenig Bezug zum vorherigen Thema auf, ergeben wenig kohärenten Sinn. Konkrete Äußerungen werden eher vermieden.

  Das ablenkende Kommunikationsmuster weist jedoch auch dynamische, vergnügliche und leichte Züge auf, die bis ins Clowneske reichen. Die Person erhofft so, von anderen gemocht oder zumindest toleriert zu werden.

  Andere reagieren zunächst amüsiert über die vergnügliche Form des Ablenkens. Auf Dauer führt dieses Kommunikationsmuster jedoch auch zu Ärger, Verwirrung oder Rückzug.

- **Anklagen**[6]

  Die anklagende Person steht unter großem Druck. Sie ist beständig auf der Hut vor Angriffen, ihre Grundhaltung entsprechend misstrauisch. Um den eigenen Selbstwert zu erhalten, sucht die Person Fehler bei anderen Leuten und sichert sich ihren Status bzw. ihre Machtposition, in dem sie

---

4   S. hierzu die Gefahr der ‚selbsterfüllenden Prophezeiung‘ sowie des durch Etikettieren entstehenden Framings; Kap. 3.4 und 9.

5   Engl. *distract*; auch ‚irrelevante‘ Form.

6   Engl. *blame.*

andere attackiert. Dadurch geraten die anderen entweder in einen Rechtfertigungszwang oder werden eingeschüchtert. Dabei wird ausgeblendet, dass auch die anklagende Person den Kommunikationspartner braucht. Ein typischer innerer *Leitsatz* lautet: „Ich bin einsam und erfolglos." (Bandler et al. 1976, S. 58). Die Person ist auf der Hut vor Angriffen bzw. strebt ungeduldig danach, gehört zu werden (vgl. Schlippe 2009).
Die *Körperhaltung* ist fordernd und aggressiv.
Die *Worte* sind fordernd und beschuldigend. Es werden Zusammenhänge behauptet, die nicht existieren und allumfassende Behauptungen aufgestellt (z.B. „Immer machst du…!").[7]
Unmittelbar sind alle Kommunikationsmuster als Reaktion möglich. So kann sich auch Ärger einstellen und mit einem Gegenangriff gekontert werden, das Gegenüber versucht, zu beschwichtigen oder die Situation rational zu erklären. Langfristig kann es geschehen, dass die anklagende Person gemieden wird.

- **Beschwichtigen**[8]
Die beschwichtigende Person ist bemüht, die Beziehung zu anderen Personen unter allen Umständen harmonisch zu gestalten. Dabei ist sie bereit, ihre eigenen Bedürfnisse bis zur Selbstaufgabe hinten an zu stellen. Um zu verhindern, dass die andere Person wütend auf sie wird, ist sie nicht gegensätzlicher Meinung, entschuldigt sich und versucht, der anderen Person zu gefallen.
Innerlich fühlt sich die Person wertlos, ausgeliefert und beladen. Der eigene Wert wird an die Anerkennung und den Zuspruch der anderen Person gehängt. Dementsprechend benötigt die beschwichtigende Person den Zuspruch und die Unterstützung anderer. Als typischer innerer *Leitsatz* könnte fungieren: „Ich komme mir vor wie ein Nichts. Ohne den anderen bin ich hilflos."
Die *Körperhaltung* ist eher unterwürfig, die Stimme leise, weinerlich und gedrückt.
Die *Worte* sind zustimmend, beschwichtigend, wohlwollend; nicht fordernd. Es werden Einschränkungen und Konjunktive verwendet.
Die Reaktion der *Mitmenschen* ist durch Schuldgefühle, Mitleid und Hilfsbereitschaft oder durch Ärger und Verachtung gekennzeichnet.

---

7   Vgl. die Universalquantoren im Meta-Modell, Kap. 8.2.3.
8   Engl. *placate*; auch ‚versöhnliche' oder ‚besänftigende' Form.

- **Rationalisieren**[9]
Die rationalisierende Person ist bemüht, stets rational und sachlich zu handeln. Sie strebt danach, keine Fehler zu machen und Gefühle zu kontrollieren oder zu vermeiden. Insgesamt wirkt sie beherrscht und abgeklärt.

Innerlich fühlt sie sich dennoch verletzlich. Die rationalisierende Form minimiert das Fühlen, im Freudigen wie im Unangenehmen. Dementsprechend werden die eigenen Gefühle minimiert und unter Kontrolle gehalten. Ein innerer Leitsatz könnte sein: „Sage stets das Richtige, zeige kein Gefühl und reagiere nicht" (Satir 1990, S. 127) bzw. „Ich fühle mich leicht ausgeliefert" (Bandler et al. 1976, S. 60).

Die *Körperhaltung* wirkt kontrolliert und gesammelt bis hin zu Steifheit und Rigidität; die Stimme klingt eher monoton.

Die *Worte* gehen ins Vernünftige, Abstrakte, Fremdwörtliche und sind eher komplizierter und länger als einfacher und kürzer. Dabei ist die rationalisierende Person bemüht, die fachlich/sachlich richtigen Worte zu finden. Gefühle und persönliche Ansichten werden in der Kommunikation nicht ausgedrückt oder für irrelevant erklärt und allein auf sachliche Argumente gesetzt.

Die Reaktion der Mitmenschen ist eher durch Langeweile und Monotonie geprägt. Die abstrakte Ausdrucksweise fördert nicht den persönlichen Kontakt, sodass sich die Menschen abwenden.

3.2.2 Nutzen des Kommunikationsmuster-Schemas

Das Schema der Kommunikationsmuster kann sowohl als Mittel der Selbsterkundung als auch als Wegweiser für eine Intervention verwendet werden.

Für die Selbsterkundung sollte man sich vergegenwärtigen, in welche inkongruenten Muster man bevorzugt ‚abrutscht'. Hat man diese erkannt, kann man in der jeweiligen Situation das Kommunikationsmuster anhalten und mittels Reflektion („Welches Muster erlebe ich gerade?") und einer bewussten Bestätigung des Selbstwerts eine andere Reaktion einleiten.

Auch liefern die jeweiligen Muster bereits Anhaltspunkte für eine Selbsterkundung. Ist das ‚Selbst' nicht repräsentiert, so kann man erkunden, welche Gefühle und Bedürfnisse eigentlich vorliegen und so einen besseren

---

9   Engl. *compute*; auch ‚intellektualisierende Form' genannt.

Zugang zu sich selbst erlangen. Die Methode des ‚Focusing‘ liefert hierzu einen Zugang (Gendlin 1998; Weiser Cornell 1997).

Sind die ‚Anderen‘ nicht repräsentiert, so bieten sich Übungen zur Perspektivenübernahme an. Hier kann man in die Haut der anderen Person schlüpfen und sich vorstellen, wie die Welt aus deren Perspektive aussieht. Man fragt sich: „Was erlebt die Person gerade? Wie sieht die Welt aus ihrer Sicht aus? Welche Überzeugungen und Erfahrungen hat die Person möglicherweise gemacht, die sie zu dem machen, was sie jetzt ist?"[10]

Ist die ‚Welt‘ nicht repräsentiert, so kann ein bewusstes Distanzieren von der Situation helfen. Man ist so nicht von der Unmittelbarkeit der Ereignisse absorbiert und kann eine übergeordnete Systemperspektive einnehmen.

In der Interaktion mit anderen bietet ein Kommunikationsmuster zwei Anhaltspunkte.

Zum einen hat man einen Hinweis darauf, dass der Selbstwert der anderen Person gerade bedroht ist. Dies kann man nutzen, um ‚einen Gang zurück zu schalten‘ und unterstützende oder klärende Aspekte in das Gespräch aufzunehmen. Auf jeden Fall sollte man achtgeben, dass man sich nicht selbst in die Spirale der Selbstentwertung ziehen lässt – schließlich macht die andere Person gerade ein Angebot, in eine solche Kommunikation einzusteigen.

Zum anderen liefert das Schema in Tabelle 3 einen Hinweis darauf, was die andere Person gerade getilgt hat bzw. was sie gerade repräsentiert. Eine Strategie wäre es, zunächst wertzuschätzen, was die Person repräsentiert. Dieser Aspekt ist der Person gerade sehr ‚nahe‘, da er ihrem Erleben entspricht. Im Anschluss kann die bislang nicht repräsentierte Position eingeführt werden. Auch können die bewusst repräsentierten Aspekte erfragt werden, um so ein bessere Verständnis für die Welt des anderen herzustellen.

Wenn die andere Person also beispielsweise anklagt, kann man den Bezug zum Selbst der anderen Person herstellen („So erlebst du dieses soundso, und das kann ich gut nachvollziehen"). Im Anschluss könnte man seine eigene Position darlegen (und damit die Position ‚Andere‘ der anderen Person erweitern).

3.3 Kommunikationszyklus

Bandler et al. entwerfen das Modell eines Kommunikationszyklus, mit dem sie die Zirkularität sozialer Situationen beschreiben (siehe auch Kapitel 2.1).

---

10   Dieses einfühlsame Verstehen (‚Empathie‘) ist ein zentraler Bestandteil des aktiven Zuhörens (s. Kap. 4.3).

Dabei steht im Vordergrund, dass jede Kommunikation eine weitere Kommunikation herausfordert, an die sich wiederum die nächste Kommunikation anschließt. Geschieht dieser Anschluss in einer bestimmten Weise, so können in der Kommunikation gewissermaßen Fakten geschaffen werden, einfach nur dadurch, dass sie auf eine bestimmte Art und Weise abläuft. Dieses ,Fakten schaffen' durch zirkulär ablaufende Kommunikation ist bereits in den Kommunikationsmustern (siehe Kapitel 3.2) angelegt, die wie eine selbsterfüllende Prophezeiung (siehe Kapitel 3.5) wirken können: Ein niedriger Selbstwert führt zu einem bestimmten Kommunikationsmuster, auf das die anderen reagieren (Satir 1990). Dies wird wahrscheinlich eine ,schlechte' Kommunikation sein, nach der sich wiederum ein geringer Selbstwert einstellt. Dies wiederum wird zu bestimmten Kommunikationsmustern führen usw. Der niedrige Selbstwert, in Verbindung mit den damit einhergehenden Überzeugungen, bestätigt sich als selbsterfüllende Prophezeiung.

Der Kommunikationszyklus besteht nach Bandler et al. aus folgenden Elementen: Zunächst unterscheiden sie zwischen dem ,Sender' (der Einfachheit halber die Person, die zunächst etwas sagt) und dem ,Empfänger', der dieses Gesagte versteht. Wenn der Empfänger auf das Gesagte hin ebenfalls etwas verbal oder nonverbal vermittelt, wird er zum Sender, sodass sich die Rollen vertauschen. Der Empfänger durchläuft dabei eine Abfolge von Prozessen, die hier mit ,Erfahrung, Schlussfolgerung, Generalisierung und Reaktion' benannt sind:

Sender:
* **Kommunikation**: verbal, paraverbal und nonverbal gesendete Botschaften.

Empfänger:
* **Erfahrung**: bewusst und unbewusst empfangene Botschaften.
* **Schlussfolgerung**: bewusstes oder unbewusstes Verständnis der Botschaften.
* **Generalisierung**: Die Art, wie der Empfänger die Botschaften mit vergangenen Erfahrungen in Beziehung setzt bzw. neue Generalisierungen bildet.
* **Reaktion**: eine erneute Kommunikation, die Rollen vertauschen sich.

Der Kommunikationszyklus wird schematisch in Abbildung 1 dargestellt.

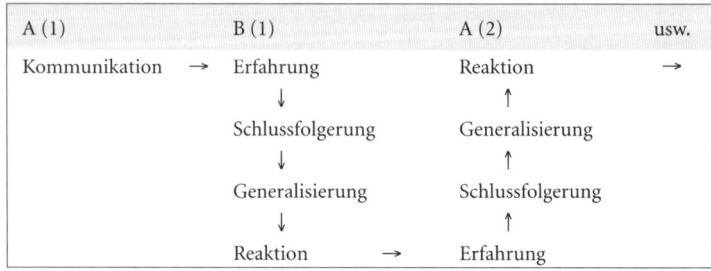

A (1)	B (1)	A (2)	usw.
Kommunikation →	Erfahrung	Reaktion	→
	↓	↑	
	Schlussfolgerung	Generalisierung	
	↓	↑	
	Generalisierung	Schlussfolgerung	
	↓	↑	
	Reaktion →	Erfahrung	

Abbildung 1: Schematische Darstellung des Kommunikationszyklus zwischen Person A und B

3.3.1 Kongruenter und inkongruenter Kommunikationszyklus

Bandler et al. unterscheiden zunächst zwischen kongruenten bzw. inkongruenten *Botschaften*. Kongruente Botschaften werden als ‚problemlos' bzw. als Ziel der fassadenlosen Kommunikation betrachtet – inkongruente Botschaften können hingegen Probleme erzeugen. Je nachdem, wie mit den inkongruenten Botschaften umgegangen wird, sprechen sie dann von (1) geeichter Kommunikation oder (2) rückgekoppelter Kommunikation.

Dabei verwenden Bandler et al. (1976, S. 86) ein im Vergleich zu Satir etwas abgewandeltes Modell der Kongruenz, da sie das Übereinstimmen der zeitgleich ausgesendeten Botschaften betonen. Ausgesendet werden in der verbalen Modalität sowohl verbale als auch paraverbale Botschaften (was ich sage und wie ich es sage) und in der kinästhetischen Modalität sowohl Mimik als auch Gestik, gegebenenfalls auch Erregungssymptome wie Schwitzen, Hautrötung usw. (beobachtbar durch die visuelle Modalität). Bandler et al. (1976, S. 87) gehen dabei davon aus, dass die Botschaften mit verschiedenen Persönlichkeitsanteilen[11] korrelieren. Zwischen diesen verschiedenen ‚Botschaften' kann ein Beobachter nun eine Kongruenz oder Inkongruenz feststellen – beispielsweise, wenn die Worte nicht zur Mimik passen.

---

11 Hierbei beziehen sich Bandler et al. auf die Idee, dass Menschen verschiedene Persönlichkeitsanteile in sich tragen, die miteinander im Widerspruch liegen können. Siehe hierzu auch Satirs Konzept der Persönlichkeitsanteile und der ‚Parts Party' (Moskau / Müller 1992; Satir 1988; Satir / Baldwin 1987), Bandlers und Grinders Reframingtechniken (1981, 1985) und das Modell des inneren Teams von Schulz von Thun 1998.

3.3.2 Geeichter inkongruenter Kommunikationszyklus

Ein geeichter Kommunikationszyklus erzeugt bei inkongruenter Kommunikation typischerweise eine negative affektive Stimmung (Unzufriedenheit, Ärger oder Trauer).[12] Im Folgenden wird der geeichte Kommunikationszyklus schematisch dargestellt.

Sender:
* **Kommunikation**: Die verbal, paraverbal und nonverbal gesendeten Botschaften sind inkongruent. Dies ist dem Sender typischerweise nicht bewusst.

Empfänger:
* **Erfahrung**: Sind nur die kongruenten Anteile der Botschaften beim Empfänger bewusst repräsentiert, so wird sich der Empfänger wahrscheinlich unbehaglich fühlen, da ,irgendetwas nicht stimmt'. Dieses Unwohlsein – eine eigene Inkongruenz – kann später zu inkongruentem Verhalten führen.
  Sind sowohl kongruente als auch inkongruente Anteile bewusst repräsentiert, wird der Empfänger den Sender wahrscheinlich als unaufrichtig u.ä. ansehen (s.u.).
* **Schlussfolgerung**: Sind nur die kongruenten Botschaften bewusst repräsentiert, so schlussfolgert der Empfänger, dass der Sender genau diese Botschaften senden wollte – erzeugt so allerdings eine zweite Inkongruenz in sich selber, da er/sie das widersprüchliche Gefühl aufgrund der unbewusst empfangenen inkongruenten Botschaften nicht zuordnen kann.
  Sind sowohl kongruente als auch inkongruente Botschaften repräsentiert, so werden dem Empfänger die Diskrepanzen bewusst und der Empfänger schlussfolgert gegebenenfalls auf die Absicht des Senders, der als unehrlich, manipulierend oder feindselig eingestuft wird.[13]
* **Generalisierung**: Die Erfahrung der eigenen Inkongruenz bzw. die Attribution auf die Absicht des Senders hängt weiterhin damit zusammen, wie der Empfänger die Botschaften mit vergangenen Erfahrungen in Beziehung setzt. Beispielsweise kann das Gefühl der Verwirrung bestimmte Verhaltens- und Einstellungsmuster aktualisieren, die in der Vergangenheit gelernt worden sind. Hierbei unterscheiden Bandler et al. vor allem

---

12 Man denke jedoch auch an *kongruente* geeichte Kommunikation, wie sie in einem gut eingespielten Team, das sich ,blind' versteht, abläuft.
13 S. hierzu auch den fundamentalen Attributionsfehler (Kap. 2.2.3).

die Teil-Äquivalenz und das Gedankenlesen. Bei der *Teil-Äquivalenz* steht ein Teil der Kommunikation für eine komplexe kognitiv-emotional-verhaltensmäßige Konstellation. Hat beispielsweise einer der Parteien in der Vergangenheit bei anschwellender Wut die eine Augenbraue hochgezogen, so wird gegebenenfalls später diese Augenbraue als äquivalent für die Situation ‚die Person wird wütend‘ gelesen. Die Augenbraue reicht schon aus, um eine entsprechende Reaktion bei sich auszulösen – man weiß schon Bescheid, was kommt, und wappnet sich dementsprechend. Beim *Gedankenlesen*[14] ‚weiß‘ man über den kognitiv-emotionalen Zustand der anderen Person Bescheid – ohne dafür irgendwelche Belege zu haben. So glaubt man zu wissen, was die andere Person beabsichtigt bzw. was sie über einen selbst oder die Situation fühlt oder denkt – und dieses ‚Wissen‘ wird eine die Handlung leitende Realität (selbsterfüllende Prophezeiung, siehe Kapitel 3.4).

- **Reaktion** (= Anschlusskommunikation): Hierbei besteht die Gefahr, dass die oben angesprochene Inkongruenz bzw. ‚ganz eindeutige‘ Generalisierungen zum Ausgangpunkt einer weiteren inkongruenten bzw. geeichten Kommunikation werden.

Die Gefahr des inkongruent-geeichten Kommunikationszyklus liegt darin, dass diese Zyklen nur relativ selten durchlaufen werden müssen, um unangenehmen Konsequenzen zu erzeugen – man weiß eben, was für ein Mensch der andere ist, und behandelt ihn/sie so. Eine selbsterfüllende Prophezeiung wird aktualisiert – und je häufiger die Betroffenen aufeinander treffen, umso mehr zementieren sie ihre Generalisierungen und umso schneller laufen die Zyklen ab. Das System droht zu eskalieren oder sich auseinander zu dividieren.[15]

3.3.3 Rückgekoppelter inkongruenter Kommunikationszyklus

Ein rückgekoppelter Kommunikationszyklus wird üblicherweise als befreiend erlebt, da belastende Inkongruenzen aufgelöst werden und man einen Moment der persönlichen ‚Wahrhaftigkeit‘ und Anerkennung erlebt. Im

---

14   Die Teil-Äquivalenz und das Gedankenlesen werden in Kap. 8.2 wieder aufgegriffen.

15   Zur ‚Schismogenese‘, d.h. dem Auseinanderdriftens eines Sozialsystems (Bateson 1972) s. den Exkurs in Kap. 2.2.5.

Folgenden werden die Schritte des rückgekoppelten Zyklus schematisch dargestellt.

Sender:
- **Kommunikation:** Die verbal, paraverbal und nonverbal gesendeten Botschaften sind inkongruent. Dies ist dem Sender typischerweise nicht bewusst.

Empfänger:
- **Erfahrung:** Sind nur die kongruenten Anteile bewusst repräsentiert, so wird sich der Empfänger wahrscheinlich unbehaglich fühlen. Nun kann der Empfänger dieses Gefühl jedoch zum Thema machen bzw. in der Schwebe halten [16] oder innerlich klären. [17] Sind sowohl kongruente als auch inkongruente Anteile bewusst repräsentiert, so kann der Empfänger den Sender hierauf *freundlich* ansprechen. Wichtig ist dabei, seine Schlussfolgerungen und Generalisierungen in der Schwebe zu halten (s. u.).
- **Schlussfolgerung:** Der Empfänger gelangt zu der Schlussfolgerung, dass gerade etwas nicht stimmig ist. Hierüber ist sich der Empfänger (kongruent) bewusst und kann seine Schlussfolgerungen bzw. diesen Zustand an die andere Person rückmelden. Sind also nur die kongruenten Botschaften repräsentiert, so kann der Empfänger seine ‚Verwirrung' rückmelden und den Sender bitten, ihn zu unterstützen, die Verwirrung aufzuklären. Sind sowohl kongruente als auch inkongruente Botschaften repräsentiert, so kann der Empfänger dieses dem Sender zurückmelden und um Klärung bitten.
- **Generalisierung:** Der Empfänger ist sich der Inkongruenz und der vorgenommenen Generalisierung bewusst, kann sie in der Schwebe halte und dies zum Thema machen bzw. die andere Person freundlich ‚vorwarnen', was gerade bei ihr abläuft.
- **Reaktion** (= Anschlusskommunikation): Beide Parteien können die Inkongruenz oder die Verwirrung ansprechen und gemeinsam untersuchen.

3.4 Selbsterfüllende Prophezeiungen

Bei der Behandlung einer schizophrenen Patientin fiel Satir auf, dass die Mutter dieser Patientin zwei *widersprüchliche Botschaften* aussandte – die

---

16   S. den Dialog in Kap. 10.
17   Hier bieten sich Focusing-Techniken (Gendlin 1998; Weiser Cornell 1997) bzw. die Kommunikation mit dem inneren Team (Schulz von Thun 1998) an.

verbale Botschaft (das, was gesagt wird) und die nonverbale Botschaft (wie gesagt wird, was gesagt wird) passten nicht zusammen. Dabei wurde neben der verbalen Botschaft auch eine *emotionale* Botschaft gesendet, welche eher nonverbal vermittelt wurde. Bei sich widersprechenden Botschaften schien der nonverbale / emotionale Anteil den größeren Einfluss auf den Empfänger auszuüben als der verbale Anteil. Nach und nach begann Satir, auch die Mutter, den Vater und den Bruder der Patientin in die Therapie einzubeziehen. Hierbei stellte sich heraus, dass die Attribute, welche die Familienmitglieder sich gegenseitig zuschrieben, einen großen Einfluss auf das tatsächliche Verhalten hatten: „Ganz im Sinne einer sich selbst erfüllenden Prophezeiung verstärken familiäre Etikettierungen ganz spezifische stereotype Verhaltensmuster der einzelnen Familienmitglieder. Ist diese Zuordnung einmal getroffen, wird ein gestörtes Familienleben oft regelrecht zementiert." (Walker 1998, S. 161). Damit wird ein Fokuswechsel der Behandlung vorgenommen von der Behandlung eines Individuums zur Behandlung eines *Systems*, das ein stereotypes Verhalten durch die konsistente Zuschreibung der Mitglieder erst erzeugt – „pathologische Interaktionsformen [werden] *interpersonal* hergestellt" (Walker 1998, S. 161; Hervorhebung im Original).

Diese Prozesse sind nicht nur auf Familien beschränkt, sondern lassen sich ebenso in anderen Gruppen und Teams finden – sei es in der Schule, im Verein oder bei der Arbeit. Dies verweist zum einen auf die bereits oben angesprochene Sicht, dass Eigenschaften nicht per se zu einer Person ‚gehören', sondern ebenso dem System zugerechnet werden können, in dem sich die Person bewegt. Zum anderen verweist es darauf, dass es die konsistenten Erwartungen und Verhaltensmuster der anderen Systemteilnehmer sind, die mithelfen ein bestimmtes Verhalten der Person zu etablieren.

Exkurs – Selbsterfüllende Prophezeiung

Das Konzept der selbsterfüllende Prophezeiung geht auf Robert K. Merton (1910–2003) zurück (vgl. Merton 1948). Die selbsterfüllende Prophezeiung ist nicht nur in langfristig angelegten Kontexten (z.B. Familien) wirksam, sondern bereits in sehr kurzfristigen, bis hin zu einmaligen Interaktionen. Erwartet eine Person eine bestimmte Haltung, Reaktion usw. vom Interaktionspartner, verhält sie sich dergestalt, dass die Wahrscheinlichkeit steigt, dass sie diese Reaktion tatsächlich erhält.
Im Unternehmenskontext lässt sich dieses beispielsweise für Einstellungsgespräche und Mitarbeitermotivation zeigen. In einem Experiment zeigte man

Personalverantwortlichen vor dem Bewerbungsgespräch die Unterlagen der Bewerber und ließ diese als gute oder schlechte Bewerber bewerten. Hatte der Personalverantwortliche eine positiven Erwartung, da er einem ‚guten' Bewerber gegenüber saß, so war er freundlich und gab mehr positive Rückmeldungen an den Bewerber. Die Bewerber entwickelten eine bessere Beziehung zum Personalverantwortliche, lachten mehr und machten insgesamt einen besseren Eindruck. Hatte der Personalverantwortliche hingegen eine negative Erwartung, so gaben er weniger positives Feedback und klang auch weniger enthusiastisch. Diese Bewerber entwickelten eine weniger gute Beziehung, lachten weniger und machten insgesamt einen schlechteren Eindruck. Insgesamt verfolgten die Personalverantwortlichen eine Bestätigungs-Strategie, d.h. sie suchten nach Informationen, die ihre Erwartungen bestätigten (Dougherty / Turban / Callender 1994).

Ähnliches gilt auch für Manager und ihre Mitarbeiter. Haben die Manager hohe Erwartungen an ihre Mitarbeiter, so motivieren sie diese zu guter Leistung. Bei niedrigen Erwartungen ist das Resultat oftmals eine geringere Produktivität, als möglich wäre (Livingston 1988).

Dieser Effekt lässt sich auch beim Dating erleben. Beispielsweise bat man Männer um ein zehnminütiges Telefongespräch mit einer Frau. Vor dem Gespräch zeigte man den Männern entweder ein Foto einer attraktiven oder einer unattraktiven Frau und sagte ihnen, dass sie sich mit dieser Frau unterhalten würden. Tatsächlich war die Frau jedes Mal dieselbe. Die Männer, die dachten, sie sprächen mit einer attraktiven Frau, waren viel geselliger als die Männer, die dachten, sie sprächen mit einer unattraktiven Frau. Danach spielte man nur den Teil des Gespräch, den die Frau bestritten hatte, einer anderen Gruppe von Menschen vor und bat sie, die Attraktivität der Frau anhand der Tonbandaufzeichnung zu bewerten. Die Frau wurde dann als attraktiver bewertet, wenn sie sich mit einem Mann unterhielt, der sie für attraktiv hielt, und als unattraktiver, wenn sie sich mit einem Mann unterhielt, der sie für weniger attraktiv hielt (Snyder / Tanke / Berscheid 1977).

Diese Beispiele illustrieren die faktenschaffende Macht, die in der zirkulär ablaufenden Kommunikation liegt: Sie erzeugt – ohne sich dessen bewusst zu sein – genau die Fakten, die man erwartet.

3.5 Übungen

Triaden- und Gruppenübung für Kommunikationsmuster

Szenario 1: A und B kennen sich nicht. A rempelt B aus Versehen an. B reagiert je einmal ablenkend, anklagend, beschwichtigend, rationalisierend und kongruent. Danach wechseln die Rollen.

Szenario 2: A und B sind Bekannte oder Freunde. A hat etwas getan, was für B nicht in Ordnung ist. B spricht das Fehlverhalten von A an und macht dies auf ablenkende, anklagende, beschwichtigende, rationalisierende und kongruente Weise.

Szenario 3: A und B sind verheiratet (das Ehepaar aus dem Kapitel ‚Interpunktion', siehe 2.2.3). A beschwert sich, dass B immer so viel in der Kneipe unterwegs ist. B reagiert je einmal ablenkend, anklagend, beschwichtigend, rationalisierend und kongruent.

Die Charakterisierungen der einzelnen Muster sollten vorher noch einmal angesehen werden, damit der entsprechende innere Zustand hergestellt werden kann. Es empfiehlt sich auch die entsprechenden Körperhaltungen einzunehmen. Diese können beispielsweise in Bandler et al. (1976) oder Satir (1990) eingesehen werden.

Als Weiterführung der Übung kann A nach der Äußerung von B ebenfalls reagieren. Hierdurch werden bestimmte Interaktionsmuster deutlich. Um nicht alle Kombinationen durchzuspielen, können nur jeweils symmetrische (z.B. zweimal Anklagen) und komplementäre (z.B. Beschwichtigen und Anklagen) Eskalationen durchgespielt werden. Ebenso können die Spieler im Vorfeld ihre gut geübten bzw. für sie sehr ungewöhnlichen Muster identifizieren und diese ausprobieren. Auf jeden Fall sollten die Übungen mit der kongruenten Reaktion und hohem Selbstwert abgeschlossen werden.

3.6 Literatur

Bandler, R. / Grinder, J. / Satir, V. (1976): Mit Familien reden: Gesprächsmuster und therapeutische Veränderung (7. Auflage 2011). Stuttgart: Klett-Cotta
Satir, V. (1990): Kommunikation, Selbstwert, Kongruenz. Konzepte und Perspektiven familientherapeutischer Praxis (7. Auflage 2004). Paderborn: Junfermann
Satir, V. / Baldwin, M. (1987): Familientherapie in Aktion. Die Konzepte von Virginia Satir in Theorie und Praxis (6. Auflage 2004). Paderborn: Junfermann

4. Empathie, Wertschätzung und Kongruenz: Carl Rogers

Carl Rogers (1902–1987) wächst in einer liebevollen und sehr religiösen Familie auf. Er ist das vierte von sechs Kindern. Als Carl zwölf Jahre alt ist, zieht die Familie auf einen Bauernhof. Dort vertieft sich Rogers in erste wissenschaftliche Studien (er züchtet und untersucht Schmetterlinge) und liest Unmengen an Fachbüchern zur Landwirtschaft. Diese fundamentale naturwissenschaftliche Orientierung trägt später dazu bei, dass er Psychotherapiesitzungen unter kontrollierten Bedingungen untersucht und so einen wichtigen Beitrag zur Psychotherapieforschung liefert.

Rogers studiert zunächst Agrarwissenschaften, wechselt dann jedoch in die Theologie. Er ist Teilnehmer der ‚World Student Christian Federation Conference‘, die 1922 in China stattfindet. Dort wird sein bisheriges Weltbild erschüttert. So bekommt er mit „wie sich die Franzosen und die Deutschen noch bitter haßten, auch wenn sie als Individuen die nettesten Leute waren; ich wurde gezwungen, großzügiger zu denken, um zu erkennen, daß ernsthafte und ehrliche Menschen sehr verschiedenen Doktrinen anhängen können" (Rogers 1973, S. 23). Diese Erfahrungen führen schließlich dazu, dass er sich von den religiösen Ansichten des Elternhauses emanzipiert und einen schmerzhaften Ablöse- und Entwicklungsprozess durchmacht. Hier findet sich im eigenen Erleben bereits die Selbstaktualisierungstendenz wieder, die Menschen zu Reife und Unabhängigkeit leitet.

Um sich auf die Kirchenarbeit vorzubereiten, besucht Rogers ab 1924 das ‚Union Theological Seminar‘. Dort hält er mit Kommilitonen ein eigenes Seminar ab, um nicht mit immer mehr Ideen und Fakten vollgestopft zu werden, sondern den eigenen Fragen, Ideen, aber auch Zweifeln nachzugehen. Rogers entwickelt seine eigene Lebensphilosophie weiter und erkennt, dass ihn die Arbeit als Theologe nicht befriedigen würde. Zum einen sieht er, dass er sich selbst und seine eigenen Gedanken und damit auch theologischen Überzeugungen beständig weiter entwickelt – das starre Bekenntnis zur religiösen Doktrin steht dieser Entwicklung jedoch entgegen. In dieser Entwicklung zeigt sich ebenfalls die Überzeugung, dass Leben ‚Wandel' bedeutet und sich im Umgang damit die Persönlichkeit entfaltet. Zum anderen interessieren ihn Möglichkeiten, wie das Leben Einzelner verbessert werden könne. Dies führt Rogers dazu, sich den Bereichen der pädagogischen und klinischen Psychologie zuzuwenden. Nach einer Ausbildungszeit am neugegründeten Institut für Erziehungsberatung arbeitet Rogers für zwölf Jahre als Psychologe bei der ‚Gesellschaft zur Verhinderung von Grausamkeiten an Kindern', in der er auch Behandlungsgespräche mit Kindern und Eltern führt. Rogers entdeckt – entgegen der damals herrschenden Lehre –, dass die Klienten oftmals selbst am besten wissen, wo die Probleme liegen und welche für sie entscheidend sind. Dasselbe gilt für die Richtung, in die sich die Therapie entwickeln soll.

1940 wechselt Rogers an die Ohio State University und unterrichtet seinen Therapie- und Beratungsansatz. Für die damalige Zeit ist der Ansatz frisch und neu und der Siegeszug der ‚klientenzentrierten Therapie' beginnt. Rogers forscht und lehrt zu diesem Thema auch an seinen weiteren Stationen an den Universitäten von Chicago und Wisconsin. Allerdings kommt es zu einer Zweiteilung. Auf der einen Seite verkaufen sich seine Bücher zur Selbstverwirklichung und klientenzentrierten Therapie immens gut. Auf der anderen Seite erscheint ihm die universitäre Ausbildung als sehr rigide und kreativitätsfeindlich. Auch leidet er unter den politischen Verhältnissen innerhalb der Fakultät, in der er sich zunehmend isoliert sieht.

1964 verlässt Rogers die Universität und begibt sich zunächst an das ‚Western Behavioral Science Institute' in Kalifornien. Hiervon spaltet sich 1968 das ‚Center for Studies of the Person' ab. Rogers widmet sich in Kalifornien verstärkt der Anwendung seines klientenzentrierten Ansatzes auf ‚normale' Menschen. Vor allem die ‚Encounter-Gruppen', d.h. angeleitete Selbsterfahrungsgruppen, treffen den Zeitgeist in der ‚Flower-Power-Zeit' und stoßen auf immense Nachfrage.

Rogers hat sich als Psychologe und Psychotherapeut besonders um die humanistische Psychologie und die von ihm ‚erfundene' klientenzentrierte Psychotherapie und Gesprächsführung verdient gemacht. Der klientenzentrierte Ansatz zählt neben den psychodynamischen / tiefenpsychologischen und behavioristischen Ansätzen zur sog. ‚dritten Kraft' in der Psychologie. Rogers gilt als einer der bedeutendsten Psychologen des 20.

Jahrhunderts. Beispielsweise nimmt er in der Studie von Haggbloom et al. (2002) den sechsten Rang unter den bedeutenden Psychologen ein sowie nach Freud den zweiten Rang in der klinischen Psychologie. *Quellen: Hinz / Behr (2002), Rogers (1973)*

4.1 Ausgangslage und Herausforderung

Im Zentrum von Rogers Arbeit steht die Suche nach innerer Freiheit – der Freiheit, man selbst zu sein und sich weiter zu entwickeln. Zentral sind hier die Begriffe des ‚Selbst‘, der ‚Selbstaktualisierungstendenz‘ und der ‚Kongruenz / Inkongruenz‘ (Kriz 1994). Die Selbstaktualisierung und das Streben nach Authentizität sind jedoch fundamentale Konzepte, die über das Setting der Psychotherapie hinausgehen und jeden Menschen auf seinem Lebensweg betreffen.

Das *Selbst* ist ein Teil des Wahrnehmungsfelds des Menschen. Das Wahrnehmungsfeld stellt gewissermaßen die erlebte Realität des Menschen dar. Das Selbst repräsentiert den Teil, der ‚einen selbst‘ von den ‚anderen‘ und der ‚Welt‘ differenziert. Nach Pervin (1993, S. 198) ist das Selbstkonzept ein „organisiertes und beständiges Muster von zusammengehörigen Wahrnehmungen“, das größtenteils bewusst repräsentiert wird. Dem Selbst wird dabei eine organisierende Qualität zugeschrieben, d.h. im Selbst werden die bewusst erlebten Erfahrungen organisiert. Das Selbst umfasst die Werte, Eigenschaften und Beziehungen des Menschen, die zu ‚ihm‘ als Selbst gehören. Es ist möglich, dass ein Teil dieser Werte, Eigenschaften usw. als ‚Introjekte‘ nicht ursprünglich zur Person gehören, sondern von außen (z.B. von Eltern, Lehrern usw.) ‚eingebläut‘ und übernommen wurde. Rogers geht davon aus, dass das Selbst danach strebt, konsistent zu sein (d.h. zueinander passende Erfahrungen zu machen und keinen Konflikt der Erfahrungen zu erleben) und idealerweise eine *Kongruenz* von Selbst und Erfahrung herrscht. Weiterhin strebt der Mensch danach, Verhalten zu zeigen, das mit dem Selbst kongruent ist. Wenn also Selbsterleben und Selbstkonzept bzw. Verhalten und das Erleben übereinstimmen, spricht Rogers (1981a) von Kongruenz.

Wenn der Mensch Erfahrungen macht, die nicht zu seinem Selbstbild passen, so kann das Selbst diese Erfahrungen verleugnen oder verzerren (Kriz 1994, S. 201) – es kommt zur Inkongruenz von Selbstkonzept und Selbsterleben. Dies führt zu psychischen Spannungen. Können die abweichenden Empfindungen nicht in das Selbst assimiliert werden, bleiben die Spannungen erhalten. Um sich zu schützen, wird das Selbst in seiner Struktur immer rigider organisiert. Es kommt zu psychischen Fehlanpassungen.

Stimmt das innere Erleben und das äußere Verhalten nicht überein, so sprechen Tausch / Tausch (1990, S. 94) auch von ‚Fassadenhaftigkeit' oder ‚Unechtsein' – man spielt nach Außen etwas anderes vor, als man im Inneren empfindet. Stimmen das Erleben der Innenwelt und der Ausdruck hingegen überein, so spricht man von ‚Authentizität'.

Die *Selbstaktualisierungstendenz*[1] ist eine dem Menschen innewohnende Kraft, welche ihn in Richtung Wachstum, Reife und Lebensbereicherung leitet. Pervin (1993, S. 204) führt aus, dass es dabei um die Entwicklungstendenz des Organismus „von einer einfachen Struktur in Richtung auf Differenzierung und Integration [...], von Abhängigkeit zu Unabhängigkeit [...] und von Starrheit zu einem Prozess der Veränderung und Freiheit der Äußerung zu bewegen" geht.

4.2 Die heilsame Beziehung

Rogers geht davon aus, dass „wirkliche Veränderung durch Erfahrung in einer Beziehung zustande kommt" (Rogers 1973, S. 46). Die Grundfrage ist dann, welche Eigenschaften diese Beziehung haben muss, um die ‚Fassaden' fallen zu lassen und man selbst zu sein. Allgemein trifft das auf alle Bereiche des Lebens zu, in denen sich ein Mensch mit neuen Herausforderungen konfrontiert sieht.

Rogers kommt zu dem Schluss, dass drei Elemente für eine heilsame und entwicklungsfördernde Beziehung zentral sind, nämlich: Unbedingte Wertschätzung, Authentizität und Empathie.

*   *Unbedingte Wertschätzung* (auch Akzeptanz, Achtung, Respekt, warmes Sorgen) bezieht sich darauf, dass man der anderen Person nicht wertend gegenüber tritt und diese als *Mitmenschen* mit all ihren Fehlern (und nicht als Funktionsträger oder eine Person, die einem nützlich ist) akzeptiert.
*   *Authentizität* (auch Echtheit, Selbstkongruenz, ohne-Fassade-sein) stellt darauf ab, sich nicht zu verstellen, sondern ‚echt' zu sein.
*   *Empathie* (auch: einfühlendes Verstehen) stellt auf nicht wertendes, einfühlsames Verstehen ab, das versucht, die Welt aus der Perspektive der anderen Person zu sehen.

---

[1]   Dies wird im Deutschen ‚Selbstverwirklichung' oder ‚Selbstaktualisierung' genannt, der englische Begriff lautet *self actualization*.

Vor diesem Hintergrund wird Kommunikation als existenzielle Begegnung von Mensch zu Mensch begriffen. Diese Begegnung wird durch die eigene innere Haltung, die durch die drei oben genannten Eigenschaften charakterisiert wird, möglich gemacht. Ein technisches Mittel, das diese Begegnung fördert, ist das aktive Zuhören (s.u.). Um authentisch zu wirken, darf es allerdings nicht zur reinen Technik reduziert werden.

4.3 Aktives Zuhören

Das sog. ‚aktive Zuhören‘ ist ein Zuhören, bei dem man ganz beim Erzähler ist und als Zuhörer dennoch eine aktive Rolle einnimmt. Gewissermaßen schenkt man dem anderen seine ungeteilte Aufmerksamkeit, in der die andere Person authentisch sein darf, und versucht, sich empathisch in sie einzufühlen. Dabei kann man drei Stufen des aktiven Zuhörens unterscheiden, nämlich nonverbale und paraverbale Elemente (‚Telefonlaute‘), Paraphrasieren und das Verbalisieren emotionaler Inhalte.

- Auf der non- und paraverbalen Ebene geht es darum, dem anderen durch Laute (*Hm-hm, Ja, ehm, boah* usw.) und Mimik bzw. Gestik (Nicken, Anschauen, Lächeln, zugewandte Haltung usw.) die ungeteilte Aufmerksamkeit zu signalisieren und zu geben.
- Paraphrasieren bezieht sich darauf, in eigenen Worten den Kern des Gesagten zusammenzufassen.[2] Damit signalisieren wir der anderen Person, (1) *dass* wir verstanden haben, gleichzeitig jedoch auch, (2) *was* wir verstanden haben, sodass die andere Person gegebenenfalls korrigieren oder ergänzen kann.
- Verbalisieren emotionaler Inhalte dreht sich darum, den emotionalen Gehalt (das Innenleben, s.o.) zu verbalisieren, den die andere Person möglicherweise nicht angesprochen oder ‚verdrängt‘ hat.

---

2   Eine Variante des Paraphrasieren ist das *parrot-phrasing*, bei dem das Gesagte in den exakten Worten der Person zusammengefasst wird. Beim *parrot-phrasing* wird betont, dass wir durch das Zusammenfassen in eigenen Worten bereits ‚Entstellungen‘ der Bedeutung vornehmen können (bzw. automatisch Reframings anwenden, wenn wir andere Worte benutzen; s. Kap. 9), die nicht mehr den Kern dessen treffen, was die erste Person meint. Beim Paraphrasieren liegt jedoch ein Mehrwert darin, dass die Essenz des Gesagten klar herausgearbeitet wird – was in den Originalworten des Sprechers nicht immer möglich ist, wenn es dem Sprecher selber noch nicht klar ist.

Paraphrasierungen können wir wie folgt einleiten:
- „Okay, das heißt, dass …“
- „Ich habe verstanden, dass …“
- „Wenn ich das mal kurz zusammenfassen darf: Sie…“
- „Okay, das sind viele Aspekte, und ich möchte sicherstellen, dass ich das alles richtig verstanden habe. Von daher möchte ich das kurz wiedergeben, und du korrigierst mich, falls ich da was falsch verstanden haben sollte.“

Das Verbalisieren von emotionalen Inhalten stellt im Arbeitskontext eine eher ungewöhnliche Form dar. Von daher sollten wir aufpassen, ob dies der Beziehung, unseren Rollen und dem Kontext entspricht. Ebenso sollten wir überprüfen, ob wir dafür die Erlaubnis haben und sie gegebenenfalls einholen. Das Verbalisieren emotionaler Inhalte kann man wie folgt einleiten:
- „Da hört man total … die Freude und Begeisterung, wenn du das erzählst.“
- „Das klingt auch für mich, als ob … das sehr anstrengend wäre …“
- „Ich kann mir vorstellen, dass … du da sehr enttäuscht warst …“
- „Wenn ich dir zuhöre, bekomme ich den Eindruck, dass …“

4.4 Übungen

Gruppenübung

Für diese Gruppenübung brauchen wir zwei Stühle, die sich gegenüber stehen. Die Stühle werden in der Mitte des Stuhlkreises aufgebaut. Auf den einen Stuhl setzt sich A, auf den anderen B. A versetzt sich in eine bestimmte Rolle und sagt dazu einen Satz, B reagiert dann auf diesen Satz (s.u.). Im Anschluss wird A befragt, ob er/sie diese Äußerung als hilfreich empfand, und wie er/sie sich jetzt fühlt. Dann wird ein neuer B (ggf. ein neuer A) ins Rennen geschickt. Hierbei ist es wichtig, dass etwas Dynamik ins Spiel kommt – man könnte relativ zügig den B bestimmen und die Gruppe mit dem Einzählen von ‚5-4-3-2-1‘ das Spiel einleiten lassen.

Das Ziel der Übung ist zweierlei. Zum einen kann diese Übung vor dem praktischen Ausprobieren des aktiven Zuhörens durchgeführt werden. In diesem Fall geht es um das Erleben, wie leicht man in die ‚Ratschlag-Falle‘ tappt, bzw. in wiefern man bereits intuitiv ‚heilsame‘ Beziehungen aufbaut. Auch können so erste Elemente einer heilsamen Beziehung herausgearbeitet werden.

Zum anderen kann diese Übung nach ersten Erfahrungen mit dem aktiven Zuhören durchgeführt werden. In diesem Fall sollte B sich nicht in die Dynamik reißen lassen und sich bewusst auf die Situation bzw. den emotionalen und motivationalen Zustand des A einstimmen.

Als Rollen und Situationen bieten sich beispielsweise an:

- A und B sind Freunde. A sagt: „Oh man, Ende des Monats sind wieder 500 Euro fällig – ich weiß gar nicht, wo ich die wieder hernehmen soll!"
- A und B sind ein Paar. A sagt: „Ich finde, wir sollten nicht auf die Party gehen. Wir kennen da ja gar keinen!"
- A und B sind Studierende. A sagt: „Die Lehrmethoden von Professor D sind echt noch aus dem Mittelalter!"

Triadenübung – Aktives Zuhören

A sucht sich ein kleines Anliegen aus, was ihn beschäftigt. Dies kann ein Problem oder eine Herausforderung sein, ein Thema, wo sich A noch nicht sicher ist und mehr Klarheit möchte usw. B ist dafür zuständig, als ‚Berater' die Situation zu gestalten und in die Rolle des aktiven Zuhörers zu schlüpfen. C beobachtet die Interaktion und leitet am Ende der Sitzung die Rückmeldung. Danach wechseln die Rollen.

Für B ist die erste Herausforderung, nicht vorschnell zu verstehen, wie die Situation von A anscheinend ist. Dies stellt sich allzu häufig als eine zu schnelle Schlussfolgerung heraus. Stattdessen muss er sich darauf einlassen, in die Welt des A einzutauchen und die Situation von seiner Warte aus sehen, fühlen usw. B muss sich also von seinen Überzeugungen und Meinungen distanzieren und diese in der Schwebe halten, um offen für A zu sein. Gleichzeitig muss B eine Distanz zu A wahren, um sich nicht vollständig mit ihm zu identifizieren und so in die gleiche emotionale Lage zu geraten.

Die zweite Herausforderung liegt darin, nicht sofort mit Ratschlägen zu reagieren. Stattdessen sollte über das Zusammenfassen und weiteres Nachfragen und über das Verbalisieren von emotionalen oder motivationalen Inhalten weitere Klarheit geschaffen werden.

Ein weiterer Fallstrick sind direktive Fragen – beispielsweise, wenn B den A in eine bestimmte Richtung lenken will. Dies kann sich beispielsweise darauf beziehen, eine bestimmte Einsicht hervor zu rufen oder wenn man bestimmte Ratschläge als Fragen verpackt.

Diese drei Fallstricke sind gleichzeitig Beobachtungsraster von C.

4.5 Literatur

Rogers, C. (1973). Entwicklung der Persönlichkeit. Stuttgart: Klett-Cotta.

Rogers, C. (1981a): Die Grundlagen eines personenzentrierten Ansatzes. In: C. Rogers (Hg.), Der neue Mensch (7. Auflage 2007). S. 65–84. Stuttgart: Klett-Cotta

Rogers, C. (1981c): Erfahrungen in Kommunikation. In: C. Rogers (Hg.), Der neue Mensch (7. Auflage 2007). S. 17–36). Stuttgart: Klett-Cotta

Schulz von Thun, F. / Ruppel, J. / Stratmann, R. (2003): Aktives Zuhören. In: Miteinander Reden: Kommunikationspsychologie für Führungskräfte. Reinbek bei Hamburg: Rowohlt. S. 70–81

Rogers, C. R. (2010): Die nicht-direktive Beratung. Frankfurt/M.: Fischer

5. Analyse und Verstehen: Friedemann Schulz von Thun

Friedemann Schulz von Thun (1944) studiert in Hamburg Psychologie. Die Diplomarbeit schreibt er ab 1969 bei Reinhard Tausch (*1921), einem der Wegbereiter der Roger'schen Gesprächspsychotherapie in Deutschland. Tausch ist einer der zwei wichtigen Lehrer von Schulz von Thun, der ihn durch seinen gelebten Humanismus, die Verbindung von Gelehrsamkeit und menschlicher Haltung, Wertschätzung, Teilhabe und wohlwollender Förderung und Forderung prägt.

In der bewegten 68er-Zeit vertritt Tausch die Ansicht, dass „mit der politischen Demokratisierung des Staates und der Institutionen eine ‚innere Demokratisierung' des Verhaltens und der persönlichen Werte, also einer Demokratisierung der Charakterstrukturen einhergehen müsse". Dies fußt auf der Überzeugung, dass zwischenmenschliches Verhalten gelernt und eingeübt werden kann. Hieraus entstehen Trainingsprogramme für Eltern und Lehrer, später auch für Führungskräfte in der Wirtschaft, an denen sich Schulz von Thun beteiligt und aus denen seine Kommunikationspsychologie erwächst. Hieraus entwickelt sich die Idee, dass Führungskräfte sowohl Fachkompetenz als auch soziale Kompetenz benötigen.

Seit 1977 beschäftigt sich Schulz von Thun mit der ‚Themenzentrierten Interaktion' (TZI) von Ruth Cohn (1912–2010), die er auch persönlich trifft. Zu der Idee des Verhaltenstrainings gesellt sich durch die Auseinandersetzung mit Rogers und Cohn die ‚Selbsterfahrung' und ‚Selbstklärung'. Bei Cohn trifft Schulz von Thun auch Christoph Thomann (*1950), woraus eine Zusammenarbeit zum Themenbereich ‚Klärungshilfe' für den Beratungsprozess entsteht.

Friedemann Schulz von Thun hat fünf Modelle entworfen, die helfen um sich im Kommunikationsprozess klarer zu bewegen. Hierzu gehören das ‚Kommunikationsquadrat' (Schulz von Thun 1981, 2010a) und das ‚Werte- und Entwicklungsquadrat' (Schulz von Thun 1989, 2007), die in diesem Buch behandelt werden. Weitere Modelle sind der ‚Teufelskreis'

(Schulz von Thun 1989, 2010b), das ‚Situationsmodell' (Schulz von Thun 1998, 2007) und das ‚Innere Team' (Schulz von Thun 1998, 2007). Diese Modelle werden in der Reihe *Miteinander Reden* ausführlich beschrieben. Hinzu kommt das Beratungsmodell, das er mit Christoph Thomann entworfen hat (Thomann / Schulz von Thun 2003) und das in einer eigenen Reihe *Klärungshilfe* geführt wird.
Quelle: Schulz von Thun 2004

5.1 Ausgangslage und Problemstellung

Die Modelle von Schulz von Thun dienen der Sensibilisierung und Bewusstseinsbildung im Kommunikationsprozess, sowie der Repertoire-Erweiterung (Schulz von Thun 2007, S. 31) im Kontext von ‚stimmiger Kommunikation' (s.u.). Sie stellen damit Begriffe und Konzepte zur Verfügung, um Kommunikation zu analysieren und für Metakommunikation verfügbar zu machen. Diese analytische Klarheit verschafft den Beteiligten eine Orientierungshilfe, um problematisch ablaufende Kommunikation zu erkennen und zu beheben. Gleichzeitig wird – vor allem im Werte- und Entwicklungsquadrat – die Dialektik menschlicher Werte, Tugenden und Anliegen sichtbar.

Der Kontext ‚stimmiger Kommunikation' betont, die Modelle nur im Bedarfsfall und nach deren Verinnerlichung flexibel in der Situation anzuwenden (Schulz von Thun 2007, S. 33). Stülpt man die Modelle ohne Notwendigkeit über jedwede Situation, so droht die Gefahr der ‚Psychologisierung' zwischenmenschlicher Interaktionen.

Die Modelle sind allesamt pragmatisch angelegt und eingängig formuliert, sodass grundlegende Werkzeuge der Kommunikationspsychologie einer breiten Masse an Lesern zugänglich gemacht wurden.

5.2 Kommunikationsquadrat

Nach Schulz von Thun enthält Kommunikation im Prinzip vier verschiedene Ebenen: Sachinhalt, Appell, Beziehung und Selbstkundgabe. Diese Aspekte werden unten genauer dargelegt. Wichtig ist hier zunächst die Aussage, dass jedwede Kommunikation gleichzeitig unter diesen vier Aspekten verstanden werden kann. Als kommunikative Grundeinheit dient dabei eine ‚Äußerung'. Eine Äußerung ist das Gesagte; sie wird also explizit ausgesprochen. Dabei schwingen in jeder Äußerung immer die vier obigen Aspekte mit.

Schulz von Thun unterscheidet zwischen dem Sender und dem Empfänger einer Äußerung. Obwohl der Sender in der Minimalform nur eine Äußerung tätigt, redet er dabei immer mit vier ‚Schnäbeln' (Schulz von Thun / Ruppel / Stratmann 2003), d.h. er kommuniziert in gewisser Weise auf vier Ebenen gleichzeitig. Dies gilt analog für den Empfänger, der potenziell immer mit vier ‚Ohren' hört.

Exkurs – Organon-Modell von Bühler

Die Unterscheidung von Sach- und Beziehungsebene findet sich bereits bei Watzlawick et al. (1969). Schulz von Thun kombiniert diese Unterscheidungen mit dem Appell und der Selbstkundgabe, die er dem Organon-Modell der Sprache von Bühler (1934) entlehnt. Karl Bühler (1879–1963) ist einer der Pioniere der Sprachpsychologie und -wissenschaft und kreiert das Organon-Modell der Sprache, in dem er Sprache als Werkzeug (gr. *organon*) an sieht. Im zeichentheoretisch angelegten Organon-Modell unterscheidet Bühler (1934) drei Verhältnisse und Funktionen eines Zeichens. Das erste Verhältnis besteht zwischen Zeichen und den Gegenständen und Sachverhalten – hier ist das Zeichen ein *Symbol* und hat eine *Darstellungsfunktion*. Das zweite Verhältnis besteht zwischen dem Zeichen und dem Empfänger – hier ist das Zeichen ein *Signal* und hat eine *Appellfunktion*. Das dritte Verhältnis besteht zwischen Zeichen und Sender, in dem das Zeichen als *Symptom* verstanden wird und damit eine *Ausdrucksfunktion* hat.

Manchmal betont der Sender in seinen Äußerungen jeweils eine Seite (ein klarer Appell: „Bitte erledigen Sie den Vorgang XY bis heute 20.00 Uhr!"; eine Selbstoffenbarung: „Mir gefällt dieses Hemd außerordentlich!" usw.). Der *Schwerpunkt* (oder die Intention), den der *Sender* auf die Äußerung legt, entspricht jedoch nicht zwangsläufig dem *Ohr*, mit dem der *Empfänger* die Äußerung hört. So können manche vom Sender beabsichtigte Aspekte nicht beim Empfänger ‚ankommen' oder neue Aspekte in eine Äußerung hineingehört werden. Kommunikation ist also immer das Ergebnis eines dynamischen und kreativen Prozesses, der nicht den Absichten der einzelnen Personen folgen muss.

Für den Simultancharakter dieses Prozesses (eine gleichzeitig stattfindende „doppelte Vierheit") nennt Schulz von Thun zwei Metaphern: Zum einen kann Kommunikation als „Vierklang mit Ober- und Untertönen" (Schulz von Thun 2007, S. 17) verstanden werden, und das Kommunikationsmodell als „Harfe mit vier Saiten". Ein dominierender Oberton des Akkords wird von drei Untertönen begleitet. Gleichzeitig hören auf der Seite des Empfängers ein oder mehrere Ohren (wobei die ‚Harfen' nicht gleich gestimmt sein müssen).

Die zweite Metapher versteht Kommunikation als ein Fußballspiel mit vier Spielfeldern (Schulz von Thun 2007, S. 18), auf dem zeitgleich mit vier Bällen gespielt wird. So kann man auf einem Feld ein Tor erzielen (z.b. brillant auf der Sachebene kommunizieren) und gleichzeitig auf einem anderen ein Eigentor schießen (z.b. sich respektlos verhalten) oder sogar ein Foul begehen, ohne dass es dem Redner bewusst sein muss.

Die vier Ebenen der Kommunikation werden im Folgenden näher beschrieben; Abbildung 2 gibt hierzu eine erste Übersicht.

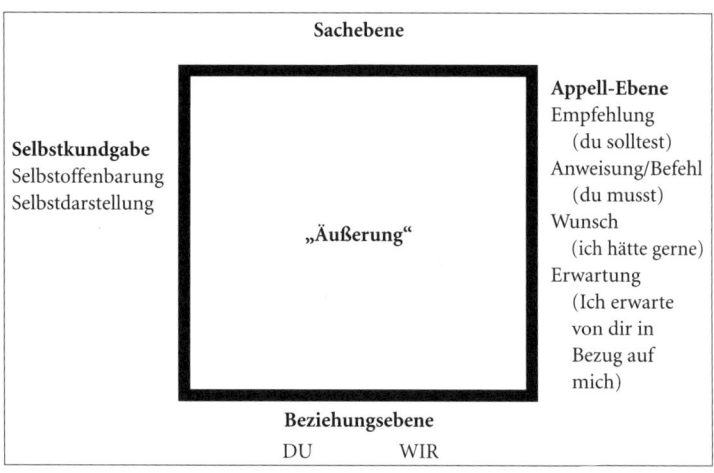

Abbildung 2: Das Äußerungsquadrat

5.2.1 Äußerung

Im Zentrum des Nachrichtenquadrats steht die ‚Äußerung' (Schulz von Thun 2007).[1] Eine Äußerung besteht aus vier verschiedenen Ebenen, die vier

---

1   Früher verwendete Schulz von Thun (2010a) den Begriff ‚Nachricht'.

Typen von Botschaften beinhaltet: Sach-, Beziehungs- und Selbstoffenbarungsbotschaften sowie Appelle. Auch wenn in der Äußerung ein bestimmter Botschaftstyp betont wird (z.B. ein klarer Appell), schwingen immer die anderen drei Ebenen mit. Beispielsweise kann ein intendierter klarer Appell mit einer DU-Botschaft korreliert gehört werden. Schulz von Thun (2010a, S. 65–67) spricht hier von ,korrelierten' Botschaften. Dies kann zu Problemen führen, die man durch Metakommunikation – z.B. ,Kontrastieren' – lösen kann („Wenn ich X sage, meine ich Y, aber nicht Z").

Botschaften können in einer Äußerung explizit (d.h. ausdrücklich formuliert) oder implizit vorhanden sein. In diesem Fall wird aufgrund von non- oder paraverbalen Merkmalen oder aufgrund anderer Erwartungsstrukturen (Kontext, Geschichte usw.) auf die implizite Botschaft geschlossen.

Wie eine Äußerung verstanden wird, hängt davon ab, welches unserer vier ,Ohren' aktiv ist. Darüber hinaus gibt es eine Meta-Ebene, die jede Äußerung qualifiziert. Neben der Beziehungsebene, die bereits Watzlawick et al. hervor hoben (siehe Kapitel 2.2.2) sind dies noch:[2]

- Art der Formulierung,
- Mimik, Gestik,
- Tonfall,
- Stimmung,
- Kontext der Situation (auch: Rollenerwartungen),
- Andere explizite Erwartungen (z.B. Abmachungen, Versprechen),
- Selbst- und Fremdbild,
- ,Gewordene' Beziehung.

Vor allen die Erwartungen, die ,unsichtbar' im Raum schweben, können eine Äußerung nachhaltig qualifizieren. Sie erhalten ihr Gewicht dadurch, dass etwas Unerwartetes eintritt oder Erwartetes unterbleibt. Schulz von Thun (2007, S. 27) spricht dann davon, dass es ein „positives Quadrat der tatsächlichen Äußerung und ein negatives Quadrat der unterlassenen (aber erwarteten) Äußerung" gäbe. Beispielsweise erwartet man, an seinem Geburtstag mit einem „Herzlichen Glückwunsch" begrüßt zu werden, und nicht mit: „Kannst du mir dein Auto leihen?"

---

2   Vgl. auch Haley 1978 und Schulz von Thun 2010a.

5.2.2 Sachebene

Die Sachebene bezieht sich auf sachlichen und faktischen Inhalte einer Aussage. Die Sachebene ist auch bei den anderen drei Ebenen immer vorhanden, d.h. auch wenn man etwas über sich preisgibt, jemanden anderen um etwas bittet oder einen Kommentar über eine andere Person macht, sind dort Sachbotschaften enthalten.

Eine Sachbotschaft konzentriert sich auf das Faktische und ist im Idealfall klar, wahr und umfasst alle Informationen, die notwendig sind, um sie eindeutig zu verstehen. Das sensible Sach-Ohr filtert die faktischen Informationen aus Gesprächen und bewertet sie entsprechend den Sach-Kriterien. Ist das Sach-Ohr hingegen übersensibel, so gehen die Zwischentöne der anderen Ebenen verloren (A: „Kannst du mir das Salz geben?" – B antwortet „Ja, das kann ich!" und liest weiter in der Zeitung). Diese und weitere Eigenschaften der Sachebene werden in Tabelle 4 zusammengefasst.

Tabelle 4: Eigenschaften der Sachebene

Dimension	Sachebene
Bezug	– Worüber informiere ich? – Um welche Sache/welches Thema geht es?
Humanistische Werte	Klarheit und Wahrheit[3]
Kriterien	Wahrheit, Relevanz, Hinlänglichkeit, Verständlichkeit, Vollständigkeit[4]
Wirkung und Funktion	– Fakten klären und zusammenfassen (aktives Zuhören) – Neue Informationen geben – Situation klären – Rationale Ebene einführen/betonen
Sachkommentar angebracht wenn…	… ich (neue) sachliche Informationen besteuern kann … ich einen Konflikt nach emotionaler Klärung versachlichen möchte[5]

---

3   Schulz von Thun 2007, S. 48.
4   Schulz von Thun 2010a, S. 140, Schulz von Thun et al. 2003, S. 48.
5   Schulz von Thun et al. 2003, S. 104.

Sachkommentar unangebracht wenn…	… ein Beziehungskonflikt nicht auf Beziehungsebene ausgetragen, sondern unangemessen versachlicht wird[6]
Sach-Ohr sensibel	– Fakten heraushören – Nach Relevanz beurteilen – Wahrheit und Hinlänglichkeit beurteilen
Sach-Ohr übersensibel	– ‚Taubheit' auf dem Beziehungsohr – Beziehungsprobleme rationalisieren[7]

5.2.3 Beziehungsebene

Die Beziehungsebene ist die einflussreichste der vier Ebenen des Äußerungsquadrats. Die Beziehung bestimmt zum *einen, wie* die Sachebene verstanden und verarbeitet wird – ja sogar darüber, *ob* die Sachebene *überhaupt* bearbeitet wird! Sind sich zwei Personen über ihre Beziehung nicht einig, so kann diese zum dominierenden impliziten oder expliziten Gegenstand der Kommunikation werden und eine sachorientierte Kommunikation unmöglich machen. Im Prinzip schwingt in jeder Äußerung eine Beziehungsbotschaft mit, nämlich eine Stellungnahme dazu, wie der Sprecher die Beziehung sieht (WIR-Botschaft) und eine Stellungnahme dazu, wie der Sprecher die andere Person sieht (DU-Botschaft).

Das gemeinsame Ringen mit der Beziehungsebene ist ein häufiges Konfliktfeld in der zwischenmenschlichen Interaktion. Schulz von Thun (2010a, S. 36–38) unterscheidet nach Haley (1978) vier Möglichkeiten, mit unterschiedlichen Beziehungsdefinitionen umzugehen:

• Akzeptieren: Zustimmung,
• Durchgehen lassen: keine Zustimmung, aber auch keine Gegenreaktion,
• Zurückweisen: keine Zustimmung, sondern Gegenreaktion,
• Ignorieren (entwerten): keine Zustimmung, keine Gegenreaktion, aber implizite Entwertung oder im Extremfall symbolische ‚Auslöschung' des Gegenübers („Was du denkst, ist irrelevant für mich", „Du existierst nicht für mich").

---

6   Schulz von Thun et al. 2003, S. 104–105.
7   Schulz von Thun 2010a, S. 47.

Tabelle 5: Reaktionsmöglichkeiten bei kombinierter DU- und WIR-Botschaft (angepasst nach Schulz von Thun 2007, S. 25)

		WIR-Botschaft	
		Zustimmung	**Protest**
DU-Botschaft	**Zustimmung**	– Du hast recht über mich. – Du darfst mir das sagen / kannst das erwarten.	– Du hast recht über mich. – Du darfst mir das nicht / so nicht sagen. – Du kannst / darfst das nicht von mir erwarten.
	Protest	– Du hast nicht recht über mich. – Du dürfest mir das sagen / könntest das erwarten.	– Du hast nicht recht über mich. – Du darfst mir das nicht / so nicht sagen. – Du kannst / darfst das nicht von mir erwarten.

Die Beziehung kann natürlich auch expliziter Bestandteil der Kommunikation werden – die Sachebene enthält dann Beziehungsinformationen. Jedoch weisen auch ‚Beziehungsgespräche' eine Beziehungsebene auf, die der Sachebene widersprechen kann.

Wer sensibel auf Beziehungsbotschaften reagiert, erkennt Beziehungsangebote und persönliche Grenzen relativ gut. Ist man hingegen auf der Beziehungsebene übersensibel, besteht die Gefahr, in viele Äußerungen Stellungnahmen zur eigenen Person hinein zu hören. Diese Gefahr besteht beispielsweise, wenn der Selbstwert angeschlagen ist. Diese und weitere Eigenschaften der Beziehungsebene sind in Tabelle 6 zusammen gestellt.

Tabelle 6: Eigenschaften der Beziehungsebene

Dimension	**Beziehungsebene**
Inhalt	– Wie sehe ich dich? – Wie stehen wir zueinander?
Humanistische Werte	Respekt, Wertschätzung, Verträglichkeit
Kriterien	Authentizität

Wirkung und Funktion	DU-Botschaft: – So eine(r) bist du. / Das halte ich von dir! → eindringlich, nachhaltig, kontaktfördernd → ermöglicht den Vergleich von Selbst- und Fremdbild WIR-Botschaft: – So stehe ich zu dir! – So stehen wir zueinander! → Klärung der Beziehung
DU-Kommentar angebracht, wenn …	… eine offene Konfrontation herbeigeführt werden soll. … Verhalten eines anderen verändert oder bestätigt werden soll (Achtung: wohlwollende Grundhaltung sollte erkennbar sein!).
DU-Kommentar unangebracht, wenn …	… damit die andere Person abgewertet wird. … ich damit in die Haltung eines objektiven Diagnostikers rutsche. … noch mal ein Finger in die Wunde gelegt werden soll.
WIR-Kommentar angebracht, wenn …	… die Beziehung geklärt werden muss. … die Beziehung sich entwickelt (z.B. Teamentwicklung).
WIR-Kommentar nicht angebracht, wenn …	… die Beziehung gut läuft. … die Beziehung auf Sachlichkeit beruht.
Beziehungs-Ohr sensibel	– sensibel für persönliche Beziehungsgrenzen und Beziehungsangebote
Beziehungs-Ohr übersensibel	– hört ‚überall' Stellungnahmen zur eigenen Person oder betont sie stark

5.2.4 Selbstkundgabe-Ebene

In dem, was wir sagen und wie wir es sagen, schwingt auch immer ein Kommentar über uns selbst mit. Diese Selbstkundgabe kann ‚einfach so' erscheinen (Selbstoffenbarung) oder vom Sprecher gezielt eingesetzt werden, um einen bestimmten Effekt zu erzielen (Selbstdarstellung). Wer beispielsweise klar Stellung bezieht, sendet damit auch eine ICH-Botschaft, die über seine Einstellung, Werte und emotionalen Zustand informiert. Selbstdarstellung kann man häufig in Situationen erleben, in denen andere eine Person bewerten oder ein bestimmter sozialer Status oder eine bestimmte Eigenschaften betont werden sollen – sei es in Bewerbungsgesprächen, Assessmentcentern, beim Flirten usw. Wer etwas von sich selbst preisgibt, macht sich allerdings auch angreifbar. Um dieses zum umgehen, bauen Menschen bestimmte Fassaden auf, die diejenigen Eigenschaften betonen, die im jeweiligen organisationalen bzw. kulturellen Umfeld erwartet und belohnt werden. Der Preis hierfür ist allerdings das Verleugnen des eigenen Selbst.

Wer sensibel für Selbstkundgabe-Botschaften ist, kann einen sicheren Eindruck davon gewinnen, wie es der Person ‚wirklich‘ geht. Ist man allerdings übersensibel, besteht die Gefahr, mit einem andauernden ‚diagnostischen Ohr‘ zu hören und sich so auch für ernstgemeinte DU-Botschaften zu immunisieren. Tabelle 7 gibt eine Übersicht der Eigenschaften der Selbstkundgabe-Ebene.

Tabelle 7: Eigenschaften der Selbstkundgabe-Ebene

Dimension	Selbstkundgabe-Ebene
Inhalt	Selbstoffenbarung – Wie geht es mir (absichtlich oder unabsichtlich)? – Wie stehe ich zum Thema (absichtlich oder unabsichtlich)? Selbstdarstellung – Wie möchte ich, dass ihr mich seht?
Humanistische Werte	Authentizität, Wahrhaftigkeit
Kriterien	Authentizität, Wahrhaftigkeit
Wirkung und Funktion	Selbstoffenbarung – Persönlich sichtbar werden, hinter die Fassade schauen lassen – Kontaktangebot Selbstdarstellung – Selbstaufwertung – Darstellung der Schokoladenseiten – Aufbaue einer Fassade sozial erwarteter Eigenschaften
Selbstoffenbarung angebracht, wenn …	… ein klärendes Gespräch geführt werden soll. … persönliche Hintergründe wichtig sind. … die Unabhängigkeit der Person bzw. die Relativität des Urteils betont werden soll. … sich der andere leicht angegriffen fühlt.

Selbstoffenbarung unangebracht, wenn …	… eine DU-Botschaft in ‚Watte‘ gepackt wird.
Selbstkundgabe-Ohr sensibel	– Was sagt Äußerung über den Sender aus (wichtig beim aktiven Zuhören)? – Identifizierung von Selbstdarstellung – Verwandlung von DU-Botschaften in ICH-Botschaften des anderen („Ich bin nicht ‚schlecht‘, aber du scheinst frustriert …")
Selbstkundgabe-Ohr übersensibel	– Immunisierung gegenüber DU-Botschaften durch diagnostisches / psychologisierendes Verstehen

Selbstkundgabe oder Beziehungsebene?

Manchmal kann ein Verhalten sowohl als Selbstkundgabe oder als Beziehungskommentar interpretiert werden. So ist es möglich,

* ein Verhalten als Kommentar über die Beziehung zu verstehen, obwohl es nur die Eigenart oder Bedürfnislage des Senders widerspiegelt oder
* ein Verhalten als Ausdruck der Eigenart oder Bedürfnislage des Senders zu verstehen, obwohl es ein Kommentar über die Beziehung darstellt.[8]

Im ersten Fall besteht die Gefahr, dass eine falsche Erwartung (Fremdbild) aufgebaut wird, die möglicherweise die folgenden Interaktionen negativ beeinflusst (siehe Kapitel 3.4 für die selbsterfüllende Prophezeiung). Im zweiten Fall besteht die Gefahr, dass ein Konflikt weiter vor sich hin schwelt, da er nicht erkannt wird.

Exkurs – ICH-Botschaft vs. DU-Botschaft

Neben den von Schulz von Thun betonten DU-/WIR-Botschaften gibt es noch die sogenannte ICH-Botschaft. Das Konzept der ICH-Botschaft wird besonders von Thomas Gordon u.a. in seinem *Leader Effectiveness Training* propagiert und von der DU-Botschaft abgegrenzt. Von der Verwendung der DU-Botschaft, die üblicherweise als destruktiv erlebt wird, rät Gordon ab. Je nachdem, ob die Führungskraft oder der Mitarbeiter ein Problem hat, rät Gordon zur ICH-Botschaft oder zu einer Beratungstechnik (Gordon 1989, S. 104).

---

8   Schulz von Thun 2010a, S. 54.

ICH- anstelle von DU-Botschaft

Hat die Führungskraft ein Problem, so wird dies normalerweise mit einer DU-Botschaft an den Untergebenen adressiert (Gordon 1989, S. 107). Die DU-Botschaft kann laut Gordon typischerweise 12 verschiedenen Kategorien (z.B. befehlen, anleiten, warnen, drohen, moralisieren, belehren, kritisieren usw.) zugeordnet werden. Jede dieser DU-Botschaften verursacht Schaden auf der Beziehungsebene und führt meistens nicht dazu, dass sich das beanstandete Verhalten ändert (Gordon 1989, S. 108). Statt der DU-Botschaft empfiehlt Gordon, dass eine Selbstbehauptungstechnik, nämlich die ICH-Botschaft, gesendet werden solle.

Für Gordon besteht eine ICH-Botschaft aus drei Elementen: Verhalten, Gefühle und Wirkungen. Im Kontext seines Führungsmodells bedeutet dies:
– eine prägnante Schilderung des Verhaltens, das die Führungskraft nicht akzeptiert;
– die hiermit einhergehenden „ehrlichen Gefühle" (Gordon 1989, S. 112f.);
– die „greifbare und konkrete Wirkung des Verhaltens" (Gordon, 1989, S. 113).

Hat hingegen der Mitarbeiter ein Problem, so ist keine Selbstbehauptungstechnik, sondern eine Beratungstechnik angebracht. Gordon empfiehlt hier das aktive Zuhören (Gordon 1989, S. 66f.).

Schulz von Thun (2007, S. 36) hebt bei DU-Botschaften des obigen Typs vor allem folgende problematische Haltung hervor: Du = problematisch; Ich = objektiver Beobachter und Beurteiler. Dabei sind im Kommunikationsquadrat ICH- und DU-Botschaften nicht hundertprozentig klar getrennt. Unter bestimmten Bedingungen ist für Schulz von Thun die DU-Botschaft stimmiger und effektiver. Hierbei ist Anteilnahme und Scharfblick wichtig (Schulz von Thun 2007, S. 38). Dennoch sind ICH-Botschaften dann besonders angesagt, wenn die darin enthaltene Selbstthematisierung stimmig ist und so Ehrlichkeit des Senders mit Verkraftbarkeit der Botschaft für den Empfänger gepaart werden (Schulz von Thun 2007, S. 38f.).

Schlussendlich darf nicht vernachlässigt werden, dass es auch Botschaften gibt, in denen das ‚Du' sehr wertschätzend besetzt ist. Wer würde auf ein ‚Du bist die beste Frau/der beste Mann der Welt' verzichten wollen?

5.2.5 Appell-Ebene

Die Appell-Ebene bezieht sich auf die pragmatischen Aspekte der Kommunikation – welche Ergebnisse soll eine Äußerung erzielen? Zu welchem Verhalten will ich eine andere Person bewegen?

Je nach Bezugspunkt und Nachdruck kann man hier Empfehlungen, Anweisungen bzw. Befehle, Wünsche und Erwartungen unterscheiden. Eine Empfehlung bezieht sich auf ein Verhalten, dass eine andere Person zeigen *sollte*, eine Anweisung bzw. einen Befehl, was sie tun *muss*. So gesehen handelt es sich um Botschaften, die das DU in den Vordergrund stellen. Steht hingegen das ICH im Vordergrund, so spricht man beispielsweise von Wünschen oder Erwartungen. Auch Appelle können implizit oder explizit geäußert werden. Wer ein sensibles Appell-Ohr hat, kann beispielsweise gut den Subtext lesen und implizite Appelle erkennen. Wer hingegen übersensibel reagiert, hört überall Appelle („Ich möchte zum Konzert" – „Okay, ich fahre dich!") oder sucht nach versteckten manipulierenden Appellen. Diese und andere Eigenschaften der Appell-Ebene werden in Tabelle 8 zusammengefasst.

Tabelle 8: Eigenschaften der Appell-Ebene

Dimension	Appell-Ebene
Bezug	Zu was will ich den anderen bewegen? Was soll er/sie tun oder lassen? Worauf will ich Einfluss nehmen?
Humanistische Werte	Deutlichkeit
Kriterien	Wirksamkeit[9]
Wirkung und Funktion	Gespräch in Richtung einer Lösung/eines gewünschten Endzustands bringen Klare Anweisungen zur Erreichung eines Ziels
Appell angebracht, wenn …	… ich einen Wissensvorsprung habe (und über Person, Ziele und Situation klar bin). … ich situationsbewusst zwischen Empfehlungen und Anweisungen wechseln kann.[10] … die Beziehung dies erlaubt

---

9   Schulz von Thun 2007, S. 48.
10   Schulz von Thun et al. 2003, S. 102f.

Appell unangebracht, wenn ...	... der andere freiwillig und eigenständig mitarbeiten soll (Kein ‚Befehle-befolgen'). ... die Status-Beziehung unklar ist („Von dem lasse ich mir nichts sagen"). ... der Appell auf eine Gefühlsänderung abzielt („Sei nicht so empfindlich!").[11]
Appell-Ohr sensibel	Wünsche zwischen den Zeilen herauslesen Finale Betrachtungsweise (Wozu dient / nützt das Verhalten?)[12]
Appell-Ohr übersensibel	Vorauseilender Gehorsam; es allen Recht machen wollen Funktionalitätsverdacht (Unterstellung von manipulierendem und berechnendem Verhalten bei anderen)[13]

5.3 Werte- und Entwicklungsquadrat

Geht das Kommunikationsquadrat eher auf den expliziten und impliziten Charakter einer Äußerung ein, bezieht sich das Werte- und Entwicklungsquadrat (WEQ) mehr auf dialektische Zusammenhänge abstrakterer Natur. Dabei werden jeweils zwei Kräfte, Werte, Tugenden usw. in ein Verhältnis zueinander gesetzt. Um mit Schulz von Thun (2010a, S. 38, Hervorhebungen im Original) zu sprechen: „Um den dialektisch strukturierten Daseinsforderungen zu entsprechen, kann jeder Wert (jede Tugend, jedes Leitprinzip, jedes Persönlichkeitsmerkmal) nur dann zu einer positiven Wirkung gelangen, wenn er sich in *ausgehaltener Spannung* zu einem positiven Gegenwert, einer ‚Schwestertugend', befindet. Statt von ausgehaltener Spannung lässt sich auch von *Balance* sprechen. Ohne diese ausgehaltene Spannung (Balance) verkommt ein Wert zu seiner ‚Entartungsform' (Helwig) – oder sagen wir lieber: zu seiner *entwertenden Übertreibung*."

Dabei ist die Struktur des Wertequadrat bei Helwig (1967) entlehnt. Abbildung 3 gibt einen Überblick über die allgemeine Struktur eines Wertequadrats.

11   Schulz von Thun 2003, S. 103f.
12   Schulz von Thun 2010a, S. 60.
13   Schulz von Thun 2010a, S. 58-61.

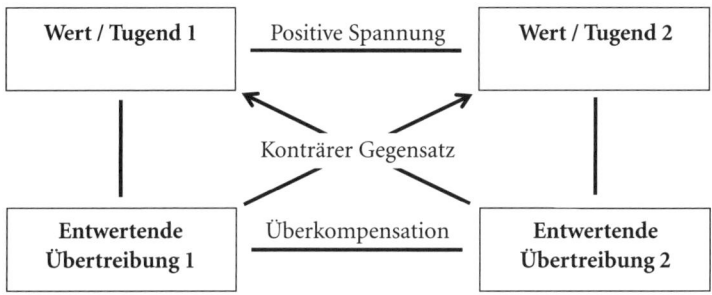

Abbildung 3: Struktur eines Wertequadrats (angelehnt an Schulz von Thun, 1989)

Wird also ein Wert (z.b. Ordnung, Vorhersagbarkeit, Stabilität, Planung usw.) nicht mit einem positiven Gegenwert (z.b. Kreativität, Improvisierung, Veränderung, Flexibilität) balanciert, droht der Wert zu einem Unwert (z.b. starres Korsett, Erstarrung, Vorschriftshörigkeit, Kleinkariertheit usw.) zu ,verkommen'. Der andere Wert (z.b. Kreativität, Improvisation, Veränderung, Flexibilität) benötigt jedoch auch seinen Gegenwert (z.b. Ordnung), um nicht zu einem Unwert (z.b. Chaos, Unzuverlässigkeit, Unbeständigkeit usw.) zu ,entarten'.

Zum *Entwicklungsquadrat* wird ein Wertequadrat, wenn man die Entwicklung einer entwertenden Übertreibung in Richtung der Diagonalen zum konträren Gegensatz hin betont. Thematisiert man eine entwertende Übertreibung (z.b. ,Geiz'), so liegt die Entwicklung der Situation in Richtung des konträren Gegensatzes (z.b. ,Großzügigkeit') unter Beibehaltung des in der entwertenden Übertreibung angelegten Werts (z.b. ,Sparsamkeit'; ,vorsichtiger Umgang mit Geld').

In dieser Konzeption angelegt ist die Idee, dass in allen ,Unwerten' eine Ressource steckt. Damit verbunden ist auch eine Wertschätzung der aktuellen Situation. Gleichzeitig ist in der Entwicklung eine positive Zielorientierung angelegt: Ich verliere nichts, behalte meinen ,positiven Kern', gewinne aber etwas zweites Positives hinzu! Auch hier verbirgt sich ein humanistisches Grundverständnis: Die zweite Ressource ist ebenfalls schon angelegt und muss sich nur unter den richtigen Rahmenbedingungen entwickeln.

Gleichzeitig ist mit dem Modell kein Aufruf zur Mittelmäßigkeit oder zum lauen Kompromiss verbunden. Es gilt, zwei Kräfte in einer positiven, dynamischen Balance zu halten. Gleichzeitig kann die Situation erfordern, in eines der Extreme zu gehen. Dies ist nach Schulz von Thun akzeptabel, solange die Fähigkeit besteht, wieder die Balance einzunehmen.

5.3.1 Bezug von Werte- und Kommunikationsquadrat

Für die Aspekte von Beziehung, Selbstkundgabe und Appell zeigt Schulz von Thun (2004, S. 214–222; 2010b, S. 45) fünf Wertequadrate auf:

Tabelle 9: Beispiele von Wertequadraten zur Beziehungs-, Selbstkundgabe- und Appell-Ebene (adaptiert nach Schulz von Thun 2010b, S. 45; 2004, S. 214-222)

	Entwertende Übertreibung 1	Wert 1	Wert 2	Entwertende Übertreibung 2
Beziehung	‚Friedhöflich-keit'	Akzeptanz	Konfrontation	Entwertende Verächtlichkeit
Beziehung[14]	Überschwäng-liche Distanz-losigkeit	Freundlich-keit	Reservierte Zurückhal-tung	Abweisende Grantigkeit
Selbst-kund-gabe	Ich-Bezogenheit, unangemessene Selbstenthüllung	Authentizität, angemessene Ich-Beteili-gung	Persönliche Zurückhal-tung, Sachbezogen-heit	Unpersönliche Rollenfassade
Selbst-kund-gabe	Naive Unverblümtheit	Authentizität	Wirkungsbe-wusstsein, Takt, Kalkül	Manipulative Fassadenhaftig-keit
Appell	Missionarische Engelszungen	Mut zum Appell	Respekt vor der Autonomie des anderen	Unverbindliche Beliebigkeit

5.3.2 Konstruktion eines Wertequadrats

Man kann das Wertequadrat sowohl von der Position des Wertes als auch der entwertenden Übertreibung her konstruieren. Dies lässt sich am besten als

---

14   Schulz von Thun, n.d.

entspannter Suchprozess umsetzen, bei dem man sich Schritt für Schritt vortastet. Manchmal findet man kein passendes Wort oder nicht *das* passende Wort, sodass man die Dinge auch umschreiben kann. Wichtig ist bei der Konstruktion, dass die vier Pole stimmig zueinander stehen. Unstimmige Quadrate entstehen dann, wenn z.b. die Gegensätze nicht wirklich konträr aufgebaut sind. Hier hat man vermutlich Begriffe gebraucht, die sehr unterschiedliche Konnotationen in sich vereinen, jedoch beim Gegensatz (Schwestertugend, Überkompensation) nur auf ein Element abgestellt. Für zwei Beispiele zur Konstruktion eines Wertequadrats siehe Schulz von Thun (2010b, S. 40–44).

5.3.3 Anwendungsformen

Das Werte- und Entwicklungsquadrat kann u.a. als Feedback-, Beratungs- und Polarisierungsquadrat verwendet werden (Schulz von Thun 2007).

In der Form des *Feedbackquadrats* (Schulz von Thun 2007, S. 54f.) kann man das WEQ wie folgt anwenden. Um ein „heikles" Feedback zu geben (d.h. eine entwertende Übertreibung zu spiegeln),

- würdigt man zunächst den zugrunde liegenden Wert 1, um dann
- den Gefahrenhinweis auf die kritische entwertende Übertreibung zu geben. Dann folgt
- eine gezielte Ermutigung oder Entwicklungsempfehlung für den konträren Gegensatz (Wert 2), um mit
- einem Hinweis auf die Gegengefahr zu schließen, die man bei dem Gegenüber als nicht gegeben ansieht.

Hat ein Mitarbeiter, Freund usw. eine Stärke überentwickelt, so kann man das Wertequadrat als *Beratungsquadrat* (Schulz von Thun 2007, S. 50–54) anwenden. Hier hilft der Hinweis auf den konträren Gegensatz, der zu entwickeln ist. Es empfiehlt sich ein stufenweises Vorgehen, d.h. man entwickelt gemeinsam kleine Veränderungsschritte, um das neue Verhalten aufzubauen.

Das *Polarisierungsquadrat* (Schulz von Thun 2007, S. 57–59) verweist auf die argumentative Polarisierung, wie sie in (Gruppen-)Diskussionen entstehen kann. Hier sieht man bei der jeweils anderen Partei die Anzeichen für die gegensätzliche entwertende Übertreibung, während man selbst für seine Werte eintritt. Da die andere Seite bei einem selbst jedoch nicht auf den Wert, sondern die dazugehörige entwertende Übertreibung abstellt, fühlt man sich an dieser Stelle missverstanden. Dies ist natürlich bei der anderen Partei auch so.

5.4 Führungsverständnis

Führungskräfte finden sich häufig vielfältigen Anforderungen ausgesetzt. Dies resultiert zum einen aus einer inneren und äußeren Rollenvielfalt (Vorgesetzter, Untergebener, Kollege, Experte, Verantwortlicher, Mitarbeiter-Coach usw.). Auf der einen Seite bekommen sie Druck von oben, die Ziele der Abteilung / des Teams zu erreichen, ,Zahlen' zu machen, auf der anderen Seite müssen sie mit den (eigenständigen) Individuen in ihrem Team umgehen, und dann sind sie noch selber ,Mensch'. Damit man nicht an dieser Rollenvielfalt kaputt geht („Flak von allen Seiten"), bedarf es der Selbst- und Feldklärung.

Schulz von Thun betont hier die sog. „Souveränität 2. Ordnung", d.h. die „Verbindung von Professionalität und Menschlichkeit" (Schulz von Thun et al. 2003, S. 14), als Führungsideal. Die Souveränität erster Ordnung bezieht sich dabei auf die reine faktische, professionelle, zielorientierte Führung.

Damit zielt Schulz von Thun auf die „stimmige Führung" (Schulz von Thun et al. 2003, S. 27), bei der das Führungsverhalten dreifach stimmig sowie metakommunikativ ist:

* Stimmig mit *sich selbst*, d.h. wesensgemäß,
* stimmig mit der *Situation*,
* stimmig mit dem *übergeordneten System*,
* „metakommunikativ", d.h. „in Auseinandersetzung mit den Rollenpartnern über das ,Wie' der gemeinsamen Kommunikation und Kooperation".

Aus der Kombination von Wesens- und Situationsstimmigkeit ergibt sich die ,doppelte Stimmigkeit', die in Tabelle 10 dargestellt ist.

Tabelle 10: Doppelte Stimmigkeit (eigene Darstellung, nach Schulz von Thun 1998, S. 306)

		Situationsgemäß	
		entsprechend	nicht entsprechend
Wesensgemäß	entsprechend	stimmig	daneben
	nicht entsprechend	angepasst	verquer

5.5 Kompetenzen der Gesprächsführung

Schulz von Thun et al. (2003) unterscheiden vier Kompetenzen der Gesprächsführung, nämlich „sich interessieren", „Farbe bekennen", „Gespräche leiten und strukturieren" und „Metakommunikation im Team".

- Sich interessieren
  Hierbei geht es darum, was ich von meinen MitarbeiterInnen mitbekomme und wie die eigene Wahrnehmung und das eigene Verständnis überprüft werden kann (Schulz von Thun et al. 2003, S. 65). Geschult werden kann die Fähigkeit, auf allen vier Ebenen flexibel zuzuhören und das aktive Zuhören anzuwenden.

- Farbe bekennen
  Diese Kompetenz ist gewissermaßen doppelt besetzt. Zum einen geht es um die Bildung eines *inneren* Standpunkts: „Was löst das Verhalten der Mitarbeiter bei mir aus? Wie positioniere ich mich im systemischen Kontext dazu?" Zum anderen geht es um das angemessene und klare *Vertreten dieses Standpunkts* (Schulz von Thun et al. 2003, S. 65). Geschult werden kann u.a. die Fähigkeit, auf allen vier Ebenen des Kommunikations- und Werte-und-Entwicklungsquadrats klar zu kommunizieren.

- Gespräche leiten und strukturieren
  Hierbei geht es darum, das Gespräch so zu leiten und zu strukturieren, dass das Thema, das beiden Parteien am Herzen liegt, bearbeitet werden kann („guter Dialog über Schlechtes"; Schulz von Thun et al. 2003, S. 107). Hierzu bedarf es einer gute Vorbereitung anhand des Kommunikationsquadrats, der Klärung des Gesprächsrahmens (Schulz von Thun et al. 2003, S. 110) und der Verabredung zum Gespräch (Schulz von Thun et al. 2003, S. 111). In der Vorbereitung klärt man für sich: Wie ist die Faktenlagen? Welche Beziehungsbotschaft will ich senden? Wo will ich mich gegebenenfalls selber zeigen – sei es als Mensch oder eine Führungsposition? Zu welchem Verhalten will ich den anderen bewegen bzw. welchen Appell will ich senden?
  Der Gesprächseintritt findet ‚markant' statt (kein Vorgeplänkel), wonach die beiderseitigen Standpunkte geklärt werden. Hinzu kommt eine Klärung der Hinter- und ‚Untergründe' und die Lösungssuche, die ein einer Vereinbarung mündet. Schlussendlich wird das Gespräch reflektiert (Schulz von Thun et al. 2003, S. 113–122).

- Metakommunikation im Team
  Hierbei geht es um den offenen Austausch im Team über die gemeinsame
  Kommunikation und Zusammenarbeit.

Exkurs – Senges Modell der Lernenden Organisation

Das Spannungsfeld von ,Farbe bekennen' und ,sich interessieren' ist ein
fundamentaler Bestandteil des Konzepts der ,Lernenden Organisation' nach
Peter Senge. Senge baut seinen Ansatz der Lernenden Organisation auf fünf
Disziplinen auf, zu denen (1) Systemdenken, (2) Personal Mastery (beständi-
ge persönliche Selbstentwicklung), (3) mentale Modelle, (4) eine gemeinsame
Vision und (5) Team-Lernen gehört. Mentale Modelle beziehen sich auf die
mentalen Repräsentationen, die sich Menschen von sich, anderen und der
Welt machen. Mentale Modelle bestimmen, was wir beobachten, wie wir
Ereignisse verstehen, welche Schlüsse wir ziehen und welche Handlungen wir
einleiten. Der Abgleich der mentalen Modelle ist im Management besonders
wichtig, wenn die Beteiligten zu einer geteilten Problemrepräsentation und
angemessenen Handlungsempfehlungen kommen wollen. Eine der vier Fähigkeiten, die laut Senge (2006, S. 176) bezüglich des Umgangs mit mentalen Modellen beherrscht werden sollte, ist die Balance von Erkunden und
Plädieren. Typischerweise sind Manager eher auf das Plädieren, d.h. das
kraftvolle Vertreten bestimmter Positionen, getrimmt. Lernen findet allerdings
dann statt, wenn man das mentale Modell des Gegenübers erkundet. Von
daher gilt es in Lernenden Organisationen, das gegenseitige Erkunden von
mentalen Modellen zu praktizieren, dies aber gleichzeitig mit einem Plädoyer
zu kombinieren, das offen ist für diese Erkundung. Die Unterscheidung von
Schulz von Thun zwischen ,Farbe bekennen' (plädieren) und ,sich interessieren' (erkunden) hat hier ihre Entsprechung auf organisationaler Ebene.

5.6 Übungen

Einzel-, Triaden- oder Gruppenübung zum Kommunikationsquadrat
Finden Sie zu den folgenden Äußerungen jeweils vier verschiedene Botschaften. Hierbei gibt es viele plausible Antworten, nicht eine richtige.
Diskutieren Sie ggf. über abweichende Meinungen und erkunden Sie die
Hintergründe, die eine Botschaft für die Person plausibel machen. Decken Sie die rechte Spalte ab, um die möglichen Botschaften nicht zu früh
zu lesen).

Tabelle 11: Übung zum Kommunikationsquadrat

Aussage	Mögliche Beziehungs-, Selbst-kundgabe- und Appell-Botschaft
Der Chef sagt zum Mitarbeiter: „Sie machen heute aber früh Schluss!"	Du bist faul. Ich hätte auch gern frei. Bleib noch länger.
Die Chefin sagt zur Mitarbeiterin: „Das macht Ihnen doch nichts aus, oder?"	Du bist eine pflichtbewusste Mitarbeiterin. Ich höre auf deine Befindlichkeiten. Sag bloß nicht ‚Doch!' (ambivalente Botschaft)
Zwei Freunde sprechen miteinander: „Ja, pass auf, das ist ja noch gar nichts, ich habe letzte Woche …!"	Wir sind freundliche Konkurrenten. Was ich zu erzählen habe, ist noch viel spannender als das, was du zu erzählen hast. Höre mir zu und bewundere mich.
Zwei Freundinnen sprechen miteinander: „Nächste Woche ist der anstrengende Umzug!"	Ich teile auch die unschönen Sachen mit dir. Momentan bin ich belastet. Hilf mir bitte beim Umzug.
Zwei Kolleginnen sprechen miteinander: „Hast du den Fall Meyer schon bearbeitet?"	Du bist für den Fall ‚Meyer' verantwortlich. Ich bin nicht auf dem aktuellen Stand. Sage mir bitte, wie der aktuelle Stand ist.
Zwei Kollegen sprechen miteinander: „Auf deinem Schreibtisch stapeln sich aber auch die Akten!"	Du lässt dir aber Zeit. Ich fühle mich ungerecht behandelt (stresse mich, wo du schlampst). Arbeite doch effizienter.
Die Freundin sagt zum Freund: „Das ist jetzt aber schon dein fünftes Bier!"	Du besäufst dich schon wieder. Ich mache mir Sorgen um dich und um den Abend. Hör auf zu trinken.
Der Freund sagt zur Freundin: „Du siehst in allem gut aus, Schatz!"	Du siehst in allem gut aus. Ich liebe dich, egal, was du anhast. Bitte zieh eines der Kleider an und lass uns gehen.

Einzel-, Triaden- oder Gruppenübung zum Werte- und Entwicklungsquadrat

Bauen Sie Werte- und Entwicklungsquadrate anhand der folgenden Kurzcharakterisierungen. Identifizieren Sie zuerst den Wert oder die entwertende Übertreibung. Entwickeln Sie dann die anderen Elemente. Es gibt dabei viele ‚richtige‘ Werte- und Entwicklungsquadrate – achten Sie nur darauf, dass sie stimmig sind und nicht zu viele unterschiedliche Themen in ein Beispiel gepackt werden. Decken Sie die rechte Spalte ab, um die möglichen Lösungen nicht zu früh zu lesen.

Tabelle 12: Übung zum Werte- und Entwicklungsquadrat

Aussage	Entwertende Übertreibung 1 / Wert 1 / Wert 2 / Entwertende Übertreibung 2
Anton knallt den Leuten seine Meinung immer ungeschminkt an den Kopf.	Brutale Ehrlichkeit / Ehrlichkeit / Diplomatie / um den heißen Brei herum reden
Berta investiert viel Zeit und Energie in hundertfünfzigprozentige Ergebnisse.	Perfektionismus / detailgenaues Arbeiten / Aufwand und Ertrag balancieren / oberflächliche Lösungen produzieren
Claus opfert sich regelrecht für seine Freunde auf.	Aufopfern / für Freunde da sein / eigene Interessen vertreten / Egoismus
Daniela ist ein richtiger ‚Prinzipienreiter‘.	Prinzipienreiter / verlässlich und gerecht / fünfe gerade sein lassen / jeder macht, was er/sie will

5.7 Literatur

Schulz von Thun, F. (2010a). Miteinander Reden 1: Störungen und Klärungen. Reinbek bei Hamburg: Rowohlt

Schulz von Thun, F. (2010b). Miteinander Reden 2: Stile, Werte und Persönlichkeitsentwicklung. Reinbek bei Hamburg: Rowohlt

Schulz von Thun, F., Ruppel, J., & Stratmann, R. (2003). Miteinander Reden: Kommunikationspsychologie für Führungskräfte. Reinbek bei Hamburg: Rowohlt

Schulz von Thun, F. (2007). Miteinander Reden: Fragen und Antworten. Reinbek bei Hamburg: Rowohlt

6. Gewaltfreie Kommunikation: Marshall Rosenberg

Marshall B. Rosenberg wird 1934 als Sohn jüdischer Eltern in Ohio geboren. 1943 zieht die Familie nach Detroit und erlebt dort eine Woche später die sog. ‚Detroit Race Riots‘, bei denen in drei Tagen 34 Menschen getötet und 433 verwundet werden. Dies hinterlässt einen bleibenden Eindruck bei Rosenberg. Auch erlebt er in der Schule antisemitische Anfeindungen. Rosenberg studiert Psychologie und promoviert 1961 in klinischer Psychologie. Seine Arbeit ist u.a. von Carl Rogers beeinflusst, bei dem er studiert hat und mit dem er arbeitet. Rosenberg entwirft die Gewaltfreie Kommunikation (GfK), um die Welt ‚freudiger und friedfertiger‘ zu machen. Er nennt dies ‚die Sprache des Friedens sprechen‘. Rosenberg gründet das *Center for nonviolent communication*, ist international als Mediator tätig und lehrt die GfK weltweit.
Quellen: Marshall Rosenberg (n. d.) Rosenberg 2001, 2004

6.1 Ausgangslage und Herausforderung

Im Kern des Rosenberg'schen Kommunikationsmodells steht die These, dass Menschen Bedürfnisse haben, die erfüllt werden müssen, damit sie glücklich sind. Werden die Bedürfnisse nicht erfüllt, so reagieren sie normalerweise mit negativen Emotionen. Wenn man dann noch den Kontakt zu seinem lebendigen Selbst verliert (fehlende Selbstempathie) und in destruktive Kommunikationsmuster (fehlende Fremdempathie) verfällt, spricht Rosenberg von ‚Wolfssprache‘ bzw. von ‚Wolfsstrategien‘, die als Reaktion auf die fehlende Bedürfniserfüllung verfolgt werden.

Rosenberg hat hierzu ein Kommunikationsmodell – die Gewaltfreie Kommunikation [1] (GfK) – geschaffen, das es ermöglicht, sowohl beim Sprechen als auch beim Zuhören mit sich selbst und anderen empathisch in

---

1   Engl. ‚Nonviolent Communication‘ (NVC).

Kontakt zu treten. Diesen Kommunikationsmodus nennt Rosenberg ‚Giraffensprache' oder auch ‚Sprache des Herzens', der als konstruktive Alternative zur destruktiven Wolfssprache dient.

In der Giraffensprache werden Einfühlungsvermögen, Wertschätzung und Aufmerksamkeit realisiert. Die Wolfssprache hingegen bezieht sich auf „Muster von Verteidigung, Rückzug oder Angriff" bis hin zu „gewalttätigen Reaktionen" (Rosenberg 2001, S. 19). Dementsprechend sieht Rosenberg eine entfremdende Kommunikation als Ursache für einen Großteil der menschlichen Probleme an.

Entfremdung wird hier als Entfremdung von sich selbst, den eigenen Bedürfnissen und den Mitmenschen verstanden. Das Ziel der GfK ist dabei, sowohl zu sich selbst als auch zum anderen eine liebe- und friedvolle Beziehung aufzubauen, um so gemeinsam die jeweiligen Bedürfnisse zu befrieden und so die Lebensqualität zu steigern.

Rosenberg (2001) unterscheidet vier verschiedene Gruppen von entfremdender Kommunikation, nämlich
1. moralische Urteile,
2. Vergleiche,
3. Leugnen der Verantwortung für die eigenen Gefühle, Gedanken und Handlungen und
4. weitere Formen der entfremdenden Kommunikation.

6.1.1 Moralische Urteile

Rosenberg (2001, S. 32) unterscheidet zwischen Werturteilen und moralischen Urteilen: „*Werturteile* reflektieren unsere Überzeugung darüber, wie das Leben am besten zu seiner vollen Entfaltung kommen kann. *Moralische Urteile* über andere Menschen und ihr Verhalten geben wir dann ab, wenn sie unsere Werturteile nicht mittragen." Ein moralisches Urteil ist in diesem Zusammenhang meist ein abwertendes Urteil über eine Person und deren Charakter, Eigenschaften oder Handlungen.

Wir neigen dann zu moralischen Verurteilungen anderer Personen, wenn diese nach unserem Eindruck unsere Bedürfnisse nicht erfüllen oder gegen unsere Werturteile verstoßen. Verhält sich also eine Person nicht unseren Vorstellungen entsprechend, so wird dies mit abwertenden Aussagen beantwortet. Hierzu gehören „Schuldzuweisungen, Beleidigungen, Niedermachen, in Schubladen stecken, Kritik, Vergleiche und Diagnosen" (Rosenberg 2001, S. 31).

Die Aufmerksamkeit in diesem Kommunikationsmodus liegt also eher darauf, die Person des anderen bzw. sein angebliches Fehlverhalten zu diagnostizieren, analysieren und als ‚schlecht' zu bewerten. Die damit einhergehende Abwertung des (Menschen- oder Selbst-) Werts des anderen macht es zum einen relativ unwahrscheinlich, diese Person zu einer Verhaltensänderung in unserem Sinne zu bewegen. Höchstwahrscheinlich werden nämlich durch diese Abwertung wichtige Bedürfnisse der anderen Person nicht erfüllt. Wenn die andere Person nun ebenfalls zu moralischen Urteilen greift, setzt sich eine destruktive Spirale in Gang, in der Abwertung zu Abwertung führt. Das ursprüngliche Anliegen wird nicht mehr verhandelt – stattdessen wird ein neues Konfliktfeld aufgemacht. Wenn jedoch der Fokus der Aufmerksamkeit auf Fehlverhalten und Abwertungen liegt und nicht auf den Bedürfnissen, so „erzeugen wir genau bei den Leuten Abwehr und Widerstand, an deren Verhalten uns etwas liegt." (Rosenberg 2001, S. 32). Allerdings – und das ist der Sekundärgewinn – erheben wir uns im Status über die andere Person, indem wir sie abwerten.

Der Prozess der moralischen Verurteilung kann sich auch gegen sich selbst richten, d.h. wir können uns selbst verdammen.

Exkurs – Dämonisierung

Omer, Alon und Schlippe (2007) führen aus, dass die extreme Form der Abwertung und entfremdenden Kommunikation auf die ‚Dämonisierung' des anderen hinausläuft. Bei der Dämonisierung wird der andere als vom ‚Bösen' (Schlechten, Kranken, Amoralischen usw.) durchdrungen gesehen. Hieraus folgt dann in der ‚dämonischen' Sicht, dass das Böse bekämpft werden muss, um das Glück oder Heil zu erreichen. Der andere wird dabei als grundsätzlich fremdartig und von einem selbst absolut verschieden angesehen – als handele es sich um ein Mitglied einer anderen Art. Verhält sich der andere ‚böse', so schimmert an dieser Stelle sein Wesen hindurch, verhält er sich freundlich, so wird dies als Täuschungsmanöver gewertet (man beachte diese Erwartungsstruktur einer selbsterfüllenden Prophezeiung, vgl. Kapitel 3.4).

Als Alternative zur dämonischen Sicht stellen Omer et al. (2007) die ‚tragische' Sicht vor, in der Leid als Bestandteil des Lebens gesehen wird, das auch zufällig entstehen kann, wobei ‚schlechte' Handlungen aus positiven Absichten erwachsen können und der andere als grundsätzlich ähnlich gesehen wird.

6.1.2 Vergleiche

Auch das Vergleichen von Menschen nennt Rosenberg (2001, S. 33f.) als Form der Verurteilung. Vergleichen Menschen sich oder andere mit anderen Menschen, die besser (schöner, klüger usw.) sind als sie / andere, so blockiere dies das Einfühlungsvermögen in sich selbst und andere. [2]

Im Prinzip gilt dies natürlich auch anders herum – wir können Vergleiche nutzen, um uns besser zu fühlen, indem wir uns mit Menschen vergleichen, die schlechter als wir sind. Obwohl das emotionale Ergebnis ein anderes ist, bleibt die Grundstruktur erhalten – der Fokus der Aufmerksamkeit liegt nicht auf mir selbst / anderen und den entsprechenden Bedürfnissen, sondern auf dem Vergleich mit anderen und entsprechender Auf- bzw. Abwertung.

6.1.3 Leugnen von Verantwortung

Eine Grundprämisse der GfK lautet, dass „jeder von uns verantwortlich für seine eigenen Gedanken, Gefühle und Handlungen" (Rosenberg 2001, S. 34) ist. Dies wird jedoch im Sprachgebrauch oder vor dem eigenen Bewusstsein verschleiert. Wir suchen gern die Verantwortung für unser Handeln bei externen Faktoren und ‚entschuldigen' unsere Handlungen damit. [3] Die anonyme ‚Amtssprache', die Hannah Arendt (2006) bei Eichmann u.a. konstatiert, ist hier ein prägnantes Beispiel.

In der Sprache erkennen wir das Leugnen von Verantwortung, wenn wir die Ursache für unsere Handlungen folgenden Gründen zuschreiben (Rosenberg 2001, S. 35):

* Andere ‚zwingen' uns zu einer Handlung:
  – Unpersönliche Mächte: „Der Markt zwingt uns …"
  – Institutionelle Politik, Regeln und Vorschriften: „Die AGB sehen nun mal vor …"
  – Soziale Rollen, z.B. das Geschlecht: „Ein Mann muss tun, was ein Mann tun muss …"
  – Die Anordnung einer Autorität: „Ich führe nur Anweisungen aus!"
  – Gruppendruck: „Alle machen es!"
  – Die Handlung anderer: „Der Bürgermeister macht es auch!"

---

2   S. hierzu auch den ‚Komparativ' und ‚Superlativ', Kap. 8.2.2.
3   S. hierzu auch den ‚fundamentalen Attributionsfehler', Kap. 2.2.3.

- Etwas (Fremdes) in uns zwingt uns:
  - Unkontrollierbare Impulse,
  - Unser psychischer / emotionaler oder physiologischer Zustand oder eine damit zusammenhängende Diagnose (z.B. Angst). [4]

Ertappen wir uns selbst dabei, unwillig den Anordnungen ‚höherer Mächte‘ zu folgen, können wir uns bewusst machen, dass wir hier immer noch die Wahl haben, aus dem Spiel auszusteigen oder bewusst die Konsequenzen zu tragen. So könnte man formulieren: „Ich entscheide mich, X zu tun, weil mir wichtig ist, dass Y." Y steht hierbei für einen Wert oder Bedürfnis, der wichtiger ist, als das in X realisierte Kriterium.

Hält man beispielsweise in seinem Beruf eine bestimmte Anweisung für eine Farce und quält sich unwillig damit herum, so könnte man nach einem höheren Wert oder einem Bedürfnis suchen, für den man sich dann positiv entscheidet. Man könnte einen offenen Konflikt um dieses Thema bewusst scheuen und sich für die damit erkaufte Ruhe entscheiden. Oder man kann sich bewusst dafür entscheiden, dass man den Job behält, zu dem diese Anweisung gehört, und damit das Bedürfnis nach materieller Sicherheit befriedigen. Es kann jedoch auch passieren, dass man diese Entscheidungen nicht tragen möchten und sich für einen Jobwechsel entscheidet.

6.1.4 Andere Formen entfremdender Kommunikation

Andere Formen der entfremdenden Kommunikation umfassen nach Rosenberg (2001, S. 37):
- Forderungen stellen: „Du musst X tun!"
- Machtausübung: z.B. jemanden unter Androhung von Strafe zu etwas zwingen,
- Lob und Strafe aussprechen, die jemand ‚verdient‘: ‚Ein guter Junge sein‘.

Auch hier stehen nicht das Bedürfnis und dessen Erfüllung oder die Bedürfnisse des Gegenübers im Vordergrund, sondern Erzwingen von Handlungen. Man fungiert als Instanz von Belohnung und Strafe und erhebt sich damit über die andere Person.

---

4   S. hierzu auch die ‚Dämonisierung‘ und die ‚Nominalisierung / Reifizierung‘, Kap. 6.1.1 und 8.2.4

6.2 Die Bestandteile gewaltfreier Kommunikation

Das Kommunikationsmodell von Rosenberg (2001) besteht aus vier grundlegenden Komponenten:

* Beobachtungen: ‚objektive' Beobachtungen; von Bewertungen zu unterscheiden,
* Gefühle: klar benannte Gefühle; von ‚Pseudogefühlen' zu unterscheiden,
* Bedürfnisse: Bedürfnisse hinter den Gefühlen,
* Bitten: Bitte um eine spezifische Handlung zur Erfüllung des Bedürfnisses; von Forderungen zu unterscheiden.

Diese vier Elemente werden verwendet, um sich sowohl authentisch auszudrücken, als auch sich und anderen empathisch zuzuhören.

Empathie ist in der GfK ein zentrales Element und die vier Elemente der GfK (Beobachtungen, Gefühle, Bedürfnisse, Bitten) dienen als Leitlinie für das empathische Zuhören. Neben dem Zuhören ist das Paraphrasieren, d.h. die Wiedergabe des Verstandenen in eigenen Worten, eine wichtige Technik. Diese Wiedergabe wird bevorzugt in eine Frage gekleidet, die den anderen ermutigt, zuzustimmen oder zu korrigieren. Beispiele:[5]

* Beobachtung: „Beziehst du dich auf die Anzahl der Abende, die ich letzte Woche auswärts verbracht habe?"
* Gefühle / Bedürfnisse: „Fühlst du dich verletzt, weil du für deine Bemühungen gern mehr Anerkennung bekommen hättest, als du erhalten hast?"
* Bitten: „Möchtest du von mir gern die Gründe hören, warum ich das gesagt habe?"

6.2.1 Beobachten

Als Leitlinie für Beobachtungen zählt im Prinzip alles das, was ein Tonband oder eine Kamera aufzeichnen kann. Wertungen kann man jedoch nicht beobachten. Eine Wertung wird in diesem Zusammenhang als „statische Verallgemeinerung" (Rosenberg 2001, S. 41) angesehen, die der Wirklichkeit, die einem dynamischen Wandel unterworfen ist, selten gerecht wird. Hierzu zitiert Rosenberg (2001, S. 41) den Autor Wendell Johnson (1972):[6]

---

5   Rosenberg, 2001, S. 108.
6   Johnson (1906–1965) war ein amerikanischer Psychologe und u.a. ein Vertreter der von Korzybski gegründeten ‚General Semantics', die auch eine Vorlage für das NLP war (s. Kap. 8).

„Unsere Sprache ist ein unvollkommenes Instrument, das von unwissenden Menschen in grauer Vorzeit erschaffen wurde. Es ist eine animistische Sprache, die dazu einlädt, über Stabilität und Konstanten zu sprechen, über Ähnlichkeiten, Normalitäten und Arten, über magische Transformationen, schnelle Heilungen, einfache Probleme und endgültige Lösungen. Die Welt jedoch, die wir mit dieser Sprache beschreiben wollen, hat sich inzwischen sehr verändert. Sie ist jetzt bestimmt von Prozessen, Veränderungen, Unterschiedlichkeiten, Dimensionen, Funktionen, Beziehungen, Wachstum, Interaktionen, Entwicklung, Lernen, Herausforderungen und Komplexität. Und ein Teil unseres Problems ist die Tatsache, daß unsere sich ständig wandelnde Welt uns unsere relativ statische Sprache ein ungleiches Paar sind."

Dabei soll nicht per se auf Wertungen verzichtet werden, sondern jede Wertung soll an eine konkrete Beobachtung gekoppelt werden. Stellt beispielsweise die Aussage: „Du bist großzügig" eine Wertung dar, könnte eine Entkoppelung von Wertung und Beobachtung wie folgt lauten: „Wenn du dem Bettler 5 Euro in den Hut wirfst" (Beobachtung), „finde ich das großzügig" (Wertung).

Auch Verallgemeinerungen wie „immer, nie, jemals, jedes Mal" oder quantifizierende Aussagen wie „häufig" oder „selten" stellen Bewertungen ohne Beobachtungen dar.[7] Ein häufiger ‚Fehler' der Wolfssprache besteht darin, Beobachtungen mit Bewertungen zu vermischen. Dementsprechend gehört Beobachten ohne zu werten zum Repertoire der Giraffensprache.

Beobachten ohne zu werten

6.2.2 Gefühle

Rosenberg konstatiert, dass es sehr ungewöhnlich ist, im institutionellen Kontext (beginnend in der Schule bis hin zur Universität oder in den Beruf) über Gefühle zu sprechen. Dies führt zu einer Entfremdung von den eigenen Gefühlen (Schwierigkeiten, diese wahrzunehmen, zu differenzieren und auszudrücken) und einer Verkümmerung des Gefühls-Wortschatzes. Das Offenbaren von Gefühlen kann jedoch den zwischenmenschlichen Kontakt fördern.[8]

Auf sprachlicher Ebene bzw. Bewusstseinsebene werden dabei häufig Gefühle und Gedanken verwechselt. Nicht alles, was mit dem Wort ‚fühlen' besetzt oder davon begleitet wird, stellt ein Gefühl dar. Hier unterscheidet Rosenberg zwischen Gefühlen, die eine emotionale Regung darstellen, und

---

7 Vgl. die Universalquantoren in Kap. 8.2.
8 Vgl. die Selbstoffenbarung in Kap. 5.2.

Nicht-Gefühlen, die ein hohes Maß an Kognitionen (Gedanken, Interpretationen, Bewertungen usw.) beinhalten. Letztere beschreiben also eher „*was wir darüber denken, wie wir sind*" (Rosenberg 2001, S. 55; Hervorhebung im Original) bzw. wie andere sind oder sein sollten – oder wie wir interpretieren, wie sich andere uns gegenüber verhalten.

Folgende Beispiele beschreiben Nicht-Gefühle (entnommen und tw. modifiziert aus Rosenberg 2001, S. 54f.):

a) Wörter wie „dass, wie, als ob…"
  • Ich habe das Gefühl, dass du es besser wissen solltest.
  • Ich fühle mich wie ein Versager.
  • Ich fühle mich, als ob ich mit einer Wand zusammen leben würde.
b) Personalpronomen
  • Ich habe das Gefühl, ich bin immer für dich zur Stelle.
  • Ich habe das Gefühl, dass mein Studium sinnlos ist.
c) Namen bzw. Hauptwörter, die auf Menschen referieren
  • Ich habe das Gefühl, Klaus ist sehr verantwortlich.
  • Ich habe das Gefühl, mein Kollege manipuliert mich.
d) Selbst-Einschätzungen
  • Ich fühle mich als Student unzulänglich.
e) Fremd-Einschätzung
  • Ich habe das Gefühl, ich bin den Leuten, mit denen ich zusammen arbeite, nicht wichtig.
  • Ich fühle mich missverstanden.
  • Ich fühle mich ignoriert.

Folgende Beispiele beschreiben Gefühle (Rosenberg 2001, S. 54f.):
  • Ich fühle mich irritiert.
  • Ich bin irritiert.
  • Ich fühle mich als Student *enttäuscht* über mich selbst.
  • Ich fühle mich als Student *ungeduldig* mit mir selbst.
  • Ich fühle mich als Student *frustriert* über mich selbst.

6.2.3 Bedürfnisse

Eine GfK-Prämisse lautet, dass die Handlungen oder Aussagen von anderen Menschen als *Auslöser* für unsere Gefühle fungieren, aber nicht die *Ursache* dafür sind (Rosenberg 2001, S. 63). Stattdessen wird das Erfüllen bzw. Nicht-

Auslöser ≠ Ursache von Gefühle

Erfüllen von Bedürfnissen oder Erwartungen als Ursache von Gefühlen gesehen. Typische Bedürfnisse sind Gesundheit, Liebe, Autonomie, Wertschätzung, Treue usw.[9]

Äußert sich eine andere Person uns gegenüber negativ, unterscheidet Rosenberg (2001, S. 63–66) vier verschiedene Reaktionsmöglichkeiten (s. Tabelle 13). Im Rahmen der Wolfssprache kann man sich selbst oder den anderen die Schuld geben (d.h. in einem Schuldrahmen operieren). Man gibt sich beispielsweise selbst die Schuld für das angekreidete Verhalten und akzeptiert damit das Urteil des anderen. Operiert man hingegen in der Giraffensprache, hört und antwortet man nicht in einem Schuld- / Urteilsrahmen, sondern achtet nicht wertend auf die zugrundeliegenden Gefühle und Bedürfnisse. Brüggemeier (2010, S. 105–107) unterscheidet hier – eher bezogen auf die Art des Zuhörens – „Urteils-Ohren" und „Empathie-Ohren", die nach innen (auf Vorwürfe / Urteile über mich bzw. meine Gefühle und Bedürfnisse) oder außen (auf Vorwürfe / Urteile über die andere Person bzw. deren Gefühle und Bedürfnisse) gerichtet sein können.

Tabelle 13: Vier Reaktionsmöglichkeiten auf eine negative Äußerung (nach Rosenberg (2001, S. 63f.)

	Schuld	Wahrnehmung
Ich	„Mir die Schuld geben": – es persönlich nehmen, – Urteil des anderen über mich akzeptieren.	„Meine Gefühle und Bedürfnisse wahrnehmen": – z.B. Antwort als GfK-Quadrat ausdrücken.
Andere	„Anderen die Schuld geben": – Urteil des anderen über mich nicht akzeptieren	„Die Gefühle und Bedürfnisse anderer wahrnehmen": – auf das Gefühl hinter der negativen Äußerung hören und Bedürfnis / Erwartung / Hoffnung / Wert erkunden: „Bist du verärgert, weil du … brauchst?"

Aus der oben genannten Prämisse folgt, dass die Verantwortung für die eigenen Gefühle bei uns liegt. Die folgenden Sprachmuster deuten darauf hin, dass die Verantwortung für die eigenen Gefühle der anderen Personen zugeschrieben werden (Rosenberg 2001, S. 66):

---

9   S. Rosenberg (2001) für eine Übersicht über mögliche Bedürfnisse.

a) Unpersönliche Pronomen (*es, das*)
  • Es macht mich echt sauer, wenn …
  • Das geht mir total auf die Nerven, dass du …
b) Konditioniert, Aussagen ohne den eigenen Anteil zu nennen
  • Wenn du X tust / nicht tust, bin ich …
  • Ich bin enttäuscht, wenn du nicht X
c) Gefühl plus anderes Pronomen als „ich"
  • Ich fühle mich verletzt, weil du / er / sie / es … X getan / nicht getan hat

Rosenberg schlägt stattdessen eine Umformulierung des Ausdrucks vor, um das Gespür für die eigene Verantwortung zu schärfen, nämlich Formulierungen nach dem Muster: „Ich fühle X, weil ich Y brauche / mir Y fehlt" (Rosenberg 2001, S. 66) – beispielsweise „Ich fühle mich ärgerlich, weil ich Zuverlässigkeit brauche."

6.2.4 Bitten

Der letzte Aspekt des Modells beschäftigt sich mit der Frage, wie wir andere um das bitten, was unsere Lebensqualität verbessert. Die Formulierungen sollten
  • positiv sein, d.h. das ausdrücken, was eine Person tun soll,
  • konkret und spezifisch und
  • realistisch ausführbar.   „SMARTE" Bitte

Im Allgemeinen kann um vier verschiedene Aspekte gebeten werden:
  • Verhalten, das Bedürfnis erfüllen soll;
  • Wiedergabe dessen, was die andere Person verstanden hat (wenn wir unsicher sind, wie es verstanden wurde);
  • aufrichtige Reaktion des Gegenübers (Gedanken, Gefühle oder die Bereitschaft, einer Bitte zu entsprechen);
  • Antwort bezüglich Resonanz eines Beitrags.

Tabelle 14: Unterschiedliche Typen von Bitten in der GfK mit Beispiel

Bitte…	Beispiel
… um Erfüllung eines Bedürfnisses	„Könntest du bitte den Rasen heute Nachmittag mähen?"
… um Wiedergabe des Verständnis des Gesagten	„Kannst du mir bitte wiedergeben, was du mich gerade hast sagen hören?"[10]
… um Mitteilung der Reaktion bezüglich von	
… Gefühlen	„Ich möchte dich bitten, mir zu sagen, wie du das, was ich gerade gesagt habe, empfindest, und auch deine Gründe für diese Gefühle."[11]
… Gedanken	„Kannst du mir bitte sagen, ob du glaubst, dass mein Vorschlag Erfolg haben wird, und falls du nicht an einen Erfolg glaubst, was du meinst, woran er scheitern könnte?"[12] „Sag mir bitte, was du über meine Worte denkst!"[13]
… Bereitschaft, einer anderen Bitte zu entsprechen	„Ich möchte dich bitten, mir zu sagen, ob du bereit bist, unser Treffen um eine Woche zu verschieben."[14]
… um Klarheit bezüglich der erwarteten Resonanz eines Beitrags	„Mir ist unklar, welche Resonanz du von mir / uns gerne hättest. Würdest du mir bitte sagen, welche Rückmeldung du von mir / uns haben möchtest?"[15]

---

10   Rosenberg 2001, S. 87.
11   Rosenberg 2001, S. 88.
12   Ebd.
13   Ebd.
14   Rosenberg 2001, S. 89
15   Rosenberg 2001, S. 90.

Exkurs – Nomenklatur

Brüggemeier (2010, S. 60) unterscheidet in etwas anderer Nomenklatur (1) Handlungsbitten, (2) Beziehungsbitten und (3) Bitten um Rückkoppelung. Handlungsbitten formulieren den Wunsch nach einer konkreten Handlung, Beziehungsbitten erkundigen sich nach dem Befinden der anderen Person und Bitten um Rückkoppelung prüfen, wie das, was wir ausdrücken wollten, beim anderen angekommen ist.

Entscheidend ist für Rosenberg (2001, S. 91–93) die Unterscheidung von Bitten und Fordern. Hierbei geht es sowohl um die Haltung desjenigen, der eine Bitte / Forderung äußert, als auch um die Erwartung der Person, die eine Bitte / Forderung hört. Eine Forderung ist dadurch gekennzeichnet, dass die Person, die die Forderung nicht erfüllt oder ihr nicht zustimmt, beschuldigt oder bestraft wird. Typische Reaktionen auf (ausgesprochene oder gehörte) Forderungen sind Unterwerfung oder Rebellion[16] (Rosenberg 2001, S. 91). Dabei ist wichtig, sowohl mit sich selbst als auch mit dem anderen einfühlsam umzugehen, wenn jemand nicht auf unsere Bitte eingeht.

6.3 Übungen

Einzelübung: Bestandteile der GfK

Im Folgenden sind zu den vier Bestandteilen der Gewaltfreien Kommunikation jeweils sechs Aussagen formuliert, bei denen entschieden werden soll, ob es sich eher um Giraffen- oder um Wolfskommunikation handelt. Handelt es sich um eine Wolfskommunikation, überlegen Sie bitte, wie die Aussage gewaltfrei umzuformulieren wäre. Auf der rechten Seite sind jeweils Antwortmöglichkeiten angegeben. Die Übung kann auch in der Triade oder Gruppe durchgeführt werden.

1) Beobachtungen

Entscheiden Sie, ob es sich um Beobachtungen oder eher um Bewertungen und Verallgemeinerungen handelt. Formulieren Sie im letzteren Fall eine beobachtungsnahe Aussage. Decken Sie die rechte Seite ab, um die Vorschläge nicht sofort zu lesen.

---

16   S. ‚Reaktanz‘, Kap. 7.2.1.

Tabelle 15: Übung zu Beobachtungen in der Gewaltfreien Kommunikation

Äußerung	Beobachtung? Alternative?
„Meier ist total faul."	Nein – „Meier hat in dieser Woche drei Fälle bearbeitet. Seine drei Kollegen haben jeweils fünf Fälle bearbeitet. Ich frage mich, was bei Meier los ist."
„Maja ist eine hervorragende Mitarbeiterin."	Nein – „Maja hat beim letzten Projekt ca. 50 Überstunden gemacht."."
„Wir haben von Kunde Schulz eine ausdrückliche Beschwerde über die Lieferzeit bekommen."	Eher Ja – In der ‚Beschwerde' liegt noch eine Bewertung, allerdings könnte der Kunde dies tatsächlich getan haben. Die genaue Beobachtung könnte noch angeführt werden.
„Du bekommst aber auch nichts richtig hin."	Nein – „Du hast das Formular X anstelle Y genommen und die Deadline zur Bearbeitung des Falles Z um 14 Tage überschritten."
„Dein Konto war vom 1. bis 30. Mai um mehr als 1.000,- Euro überzogen."	Ja.
„Maja kommt immer zu spät."	Nein – „Maja ist zu den letzten drei Sitzungen fünf bis zehn Minuten zu spät gekommen."

2) Gefühle

Überlegen Sie, ob es sich um reine Gefühlsäußerungen handelt oder ob Interpretationen, Abhängigkeiten, Schuldzuweisungen usw. vorhanden sind. Decken Sie die rechte Seite ab, um die Vorschläge nicht sofort zu lesen.

Tabelle 16: Übung zu Gefühlen in der Gewaltfreien Kommunikation

Äußerung	Gefühl? Alternative?
„Ich bin sauer."	Ja
„Ich fühle mich hintergangen."	Nein – „Ich bin traurig / verärgert ..."
„Ich fühle mich einsam."	Nein – „Ich bin traurig ..."
„Ich freue mich, dass du da bist."	Ja
„Ich mache mir Sorgen um die Entwicklung der Abteilung."	Ja
„Ich habe das Gefühl, benutzt zu werden."	Nein – „Ich bin traurig / verärgert ..."

3) Bedürfnisse

Überlegen Sie bei den ersten vier Äußerungen, ob es sich entweder um ein Bedürfnis oder eine Strategie zur Bedürfniserfüllung handelt. Formulieren Sie bei den letzten beiden Äußerungen den Satz in eine bedürfnisorientierte Sprache um. Decken Sie die rechte Seite ab, um die Vorschläge nicht sofort zu lesen.

Tabelle 17: Übung zu Bedürfnissen in der Gewaltfreien Kommunikation

Äußerung	Bedürfnis? Alternative?
„Mir ist wichtig, dass ich jeden Mittag ein kurzes Nickerchen mache."	Nein, eher Strategie; Bedürfnis könnte Ruhe sein
„Für mich ist meine Unabhängigkeit sehr wichtig."	Ja
„Müller aus der Buchhaltung legt großen Wert auf Klarheit."	Ja
„Uns ist besonders wichtig, dass wir abends zusammen die Tagesschau gucken."	Nein, eher Strategie, um Bedürfnis zu befriedigen; Bedürfnis könnte Information, Ruhe, Gemeinsamkeit sein

„Du gehst mir auf den Senkel, weil du so rumtrödelst"	„Ich bin verärgert, weil ich meine Zeit effektiv nutzen möchte."
„Ich bin frustriert, weil wir im Team so ruppig miteinander umgehen."	„Ich bin frustriert, weil mir ein wertschätzender Umgang wichtig ist."

4) Bitten

Überlegen Sie, ob es sich um eine konkrete und erfüllbare Bitte handelt. Ist dies nicht der Fall, formulieren Sie eine entsprechende Bitte. Decken Sie die rechte Seite ab, um die Vorschläge nicht sofort zu lesen.

Tabelle 18: Übung zu Bitten in der Gewaltfreien Kommunikation

Äußerung	Konkrete Bitte? Alternative?
„Kannst du mir sagen, wie du das verstanden hast?"	Ja
„Hör bitte auf, hier so einen Krach zu machen!"	Nein – „Bitte spiel mit dem Ball im Garten."
„Könntest du die Musik bitte halb so laut machen?"	Ja
„Ich würde gern mit dir etwas unternehmen."	Nein – „Magst du heute Abend um acht mit mir Essen gehen?"
„Gib dir bitte mehr Mühe."	Nein – „Kannst du mir sagen, was du deiner Meinung nach tun könntest, um die Arbeit entsprechend der Kriterien zu erledigen?"
„Ich wünsche mir, dass wir uns am Montag um 8 für 30 Minuten treffen, um die Aufgaben der Woche zu besprechen. Ist das für Sie in Ordnung?"	Ja

Gruppenübung: Wolfs- und Giraffenohren

Für diese Übung werden im Raum fünf Positionen markiert. Vier davon symbolisieren Wolfs- oder Giraffenohren, die fünfte ist für eine Klage reserviert. Die vier ‚Ohrpositionen' werden als Rechteck (ca. 2 m Abstand) markiert, beispielsweise oben links ‚Wolfsohren – außen', oben rechts ‚Wolfsohren – innen', unten rechts ‚Giraffenohren – innen', unten links ‚Giraffenohren – außen'. Die Klageposition ist in der Mitte oberhalb der Wolfsohrlinie – gewissermaßen da, wo der Giebel eines Spitzdachs wäre, wenn die Ohren das rechteckige Haus darstellen.

Eine Person stellt sich auf die Klageposition und äußert dort eine Klage – beispielsweise „Nie meldest du dich bei mir." Die anderen Teilnehmer stehen zunächst außerhalb des Rechtecks. Eine Person nimmt nun die ‚Wolfsohr – außen' Position ein, hört die Klage mit der entsprechenden Einstellung und formuliert eine ‚Wolfsantwort', die die Schuld usw. bei der klagenden Person sieht – beispielsweise „Du meldest dich ja auch nie bei mir." Danach geht die Person von der Wolfsohrposition wieder in den Kreis und andere Personen können diese Position einnehmen. Jedes Mal sagt die Person auf der Klageposition ihren Satz (diese Position bleibt also während der Übung konstant). Nach drei bis fünf Antworten aus dieser Position werden sukzessive die Position ‚Wolfsohr – innen', ‚Giraffenohr – innen' und ‚Giraffenohr – außen' eingenommen. Auf jeder Position können wieder drei bis fünf Antworten gegeben werden, die jeweilige Person geht jedes Mal wieder in den Kreis der Teilnehmer zurück. Im Folgenden werden die vier Positionen kurz erläutert:

- Klage: Ein kurzer Satz, den einer der Teilnehmer gehört hat – beispielsweise ein Vorwurf, der die Person verletzt hat: „Nie meldest du dich bei mir!"
- Wolfsohr – außen: Der Satz wird wölfisch gehört und wölfisch beantwortet; die klagende Person angegriffen, abgewertet usw.: „Du meldest dich ja auch nie bei mir!"
- Wolfsohr – innen: Der Satz wird wölfisch gehört, allerdings richtet sich nun die Aggression nach innen, was zur Abwertung der eigenen Person führt. Die Antwort richtet sich dementsprechend nicht an die klagende Person, sondern stellt ein leises Selbstgespräch dar: „Oh je, ich bin so ein schlechter Freund – vernachlässige die Leute, melde mich nicht, oh mannomann."
- Giraffenohr – innen: Der Satz wird empathisch gehört. Dabei richtet sich die Empathie nach innen, d.h. man gibt sich selbst in Bezug auf den Satz Einfühlung: „Ich merke, wie mich das traurig macht, wenn ich diesen Satz höre. Mir ist wichtig, mich mit meinen Freunden verbunden zu fühlen, und ich habe das in letzter Zeit vernachlässigt."
- Giraffenohr – außen: Der Satz wird empathisch gehört. Diesmal richtet sich die Einfühlung auf die klagende Person, d.h. man hört auf

die Gefühle und Bedürfnisse, die sich hinter der Klage verbergen: „Das hört sich für mich an, als ob du wütend und etwas traurig wärst, weil dir wichtig ist, mit mir Kontakt zu haben. Stimmt das so?"

Die Übung verfolgt zwei Zwecke. Zum einen kann die klagende Person unterschiedliche Perspektiven gespiegelt bekommen und so Reaktionsalternativen erkennen. Vor allem, wenn der klagenden Position Empathie gegeben wird, können sich neue Reaktionen einstellen. Manchmal entspringen hieraus neue Aussagen /Klagen, die dann weiter empathisch beantwortet werden können. Es entsteht ein spontanes Rollenspiel. Zum anderen können die Teilnehmer, die wechselseitig die verschiedenen Positionen einnehmen, den Unterschied zwischen den verschiedenen Positionen am eigenen Leib erleben. Man kann erkennen, welche Positionen einem besonders leicht und welche einem eher schwer fallen. Diese Sensibilisierung hilft, entsprechende Fallstricke im Alltag leichter zu erkennen und beispielsweise die Selbst- oder Fremdempathie gezielt zu üben.

Triadenübung: Aktives Zuhören
A sucht sich ein kleines Anliegen aus, was ihn irgendwie beschäftigt. Dies kann ein Problem oder eine Herausforderung sein, ein Thema, wo sich A noch nicht sicher ist und mehr Klarheit möchte usw. B ist dafür zuständig, als ‚Berater' die Situation zu gestalten und in die Rolle des aktiven Zuhörers zu schlüpfen. C beobachtet die Interaktion und leitet am Ende der Sitzung die Rückmeldung. Danach wechseln die Rollen.
Diese Übung ähnelt der Übung im Kapitel 4. Neu hinzu kommt der Suchfokus auf Bedürfnisse, die nun genau wie Gefühle verbalisiert werden.

6.4 Literatur

Rosenberg, M. B. (2001): Gewaltfreie Kommunikation. Paderborn: Junfermann
Brüggemeier, B. (2010): Wertschätzende Kommunikation im Unternehmen. Paderborn: Junfermann
Holler, I. (2005): Trainingsbuch Gewaltfreie Kommunikation. Paderborn: Junfermann

7. Kommunikation und Verhandeln: Roger Fisher, William Ury und Bruce Patton

1979 gründet Roger Fisher (1922–2012) zusammen mit William Ury und Bruce Patton das *Harvard Negotiation Project* (HNP) an der Harvard Law School. Das Harvard Negotiation Project ist Teil des *Program on Negotiation* (PON), das sich der Erforschung der Theorie und Praxis der Verhandlung und Konfliktlösung verschrieben hat. Mehr als 40 Jahren lang wirkt Fisher als international anerkannte Koryphäe zum Thema ‚Verhandlungen‘ und ‚Konflikte‘, arbeitet mit Unternehmen, NGOs und Regierungen und ist Autor diverser Bücher und Artikel zum Thema. In den 1970er Jahren unterstützt Fisher beispielsweise die Entwicklung des Verhandlungsprozesses, den Präsident Carter gemeinsam mit dem ägyptischen Präsidenten Sadat und dem israelischen Ministerpräsidenten Begin in Camp David führt. William Ury lehrt ebenfalls an der Harvard Law School zum Thema ‚Verhandlungen‘, ist international als Berater und Mediator tätig und Autor von mehreren Bücher zum Thema. Bruce Patton leitet das HNP als Co-Direktor bis 2009 und ist neben Fisher einer der Pioniere der Lehre zu Verhandlungen. Patton arbeitet als Berater zum Thema ‚Verhandlungen‘ und ‚Konfliktlösung‘ und ist u.a. Co-Autor von *Difficult Conversations* (Stone / Patton / Heen 1999), das einen griffigen Leitfaden zur Führung schwieriger Gespräche darstellt.
Quelle: Bruce Patton, Roger Fisher und William Ury, n.d.

7.1 Ausgangslage und Herausforderung

7.1.1 Verhandeln ist Bestandteil des menschlichen Lebens

Dem amerikanischen Ökonom John Kenneth Galbraith (1908–2006) wird die Aussage zugeschrieben, dass Verhandeln – neben Sex – die häufigste und problematischste menschliche Interaktionsform sei (und beide Aktivitäten seien auch nicht ganz unabhängig voneinander …).

Von einer Verhandlung sprechen wir, wenn „zwei oder mehr Parteien eine Einigung darüber suchen, wer von ihnen in einer angestrebten Transaktion was leisten, empfangen, dulden oder unterlassen soll" (Samer 2008, S. 15). Hierzu sind verschiedene Bedingungen notwendig, nämliche eine wechselseitige Abhängigkeit der Beteiligten bei gleichzeitigem Vorliegen sowohl eines Interessenkonflikts als auch gemeinsamer Interessen. Dabei sind die Machtverhältnisse zumindest im Prinzip ungefähr ausgeglichen, d.h. keine der Parteien kann ‚einfach so' ihre Interessen durchsetzen. Ziel der Verhandlung ist eine Übereinkunft bezüglich des Verhandlungsthemas (vgl. Fisher / Ury / Patton 2006, S. 19; Portner 2010, S. 17). Jedoch verlaufen Verhandlungen selten effizient und rational, d.h. das Ergebnis entspricht nicht dem besten Interesse der beteiligten Parteien, es wird womöglich auch die Beziehung durch die Verhandlung beschädigt oder es kommt gar kein Ergebnis zustande. Das so genannte ‚Harvard-Konzept'[17] nimmt sich dieser Thematik an, um „bessere Wege zu finden miteinander umzugehen, wenn es Differenzen zwischen Menschen, zwischen politischen Parteien und zwischen Nationen gibt" (Fisher et al. 2006, S. 13).

7.1.2 Verhandeln als ineffizientes Positionsgerangel

Der oben angesprochene Umgang mit den sowohl gleichen als auch unterschiedlichen Interessen bezieht sich sowohl auf das Verhandlungsthema (die Sache) und die Beziehung zwischen den Verhandelnden als auch auf die Art und Weise, wie Thema und Beziehung behandelt werden. Stehen allein die Sache (und die eigenen Interessen) im Vordergrund, spricht man vom ‚harten' Verhandeln. Steht primär die Beziehung im Vordergrund, spricht man vom ‚weichen' Verhandeln. Dabei gleicht der typische Ablauf einer Verhandlung dem wechselseitiges Einnehmen und Verlassen von Positionen, kombiniert mit bestimmten Taktiken (Salamitaktik, mit Abbruch drohen, den Prozess verschleppen, ohne Kompromissbereitschaft ‚mauern'; Fisher et al. 2006, S. 28f.), wie folgendes Beispiel zum ‚Feilschen' deutlich macht:

„Was soll die Uhr kosten?"
„100 Euro."
„Das ist ja schon fast Diebstahl – mehr als 20 zahl ich nicht."

---

17   Im Original *principled negotiation*, also etwa ‚prinzipiengeleitetes Verhandeln'.

„Na gut, dann 80 – aber weiter kann ich nicht runtergehen!"
„40 Euro – aber dann muss meine Familie einen Tag hungern!"
usw.

In gewisser Weise funktioniert dieses Vorgehen für bestimmte Zwecke und
Kontexte, da

- jeweils vorläufige Bedingungen für eine akzeptable Übereinkunft kommuniziert werden und somit
- eine gewisse Orientierung in einer ansonsten unübersichtlichen Situation herrscht, wobei
- beide Parteien sich über den Prozess einig sind.

Fisher et al. (2006) kritisieren jedoch, dass dieses Verfahren relativ ineffizient ist und nicht immer das beste Verhandlungsergebnis erzielt werden kann. Dies ergibt sich aus der Dynamik des Handlungsverlaufs: Wer Positionen einnimmt, um sein Ziel zu erreichen, und diese Position verteidigt, wird sich wahrscheinlich immer fester an diese Position binden. Die Verhandelnden verlieren also an Flexibilität. Allerdings verliert man an Glaubwürdigkeit, wenn man die andere Seite davon überzeugt, man könne die eigene Position nicht verlassen (und so Druck aufbaut), und dies später dennoch tut. Schlussendlich kann das Beharren auf einer Position verhindern, dass die eigenen Interessen erfolgreich durchgesetzt werden, wenn die andere Partei diese Position nicht akzeptiert. Dadurch, dass man die vordergründige Position in den Mittelpunkt der Auseinandersetzung stellt, vernachlässigt man das Thema, um das es eigentlich geht. Weiterhin verführt die Idee, dass Positionen gegen den anderen durchgesetzt werden müssen, zu einer auf Gegner- oder sogar Feindschaft beruhenden Beziehungsdefinition – mit den entsprechenden Konsequenzen für den Verhandlungsverlauf. Dieses kann in einen „Willenskampf" (Fisher et al. 2006, S. 29) ausarten, in dem Ärger aufkommen und die Beziehung nachhaltig beschädigt werden kann.

7.1.3 Harte und weiche Verhandlungsstile

Fisher et al. (2006) nutzen den Gegensatz von Sache / Position und Beziehungen, um damit zwei Handlungsstile zu differenzieren. Folgt man dem sogenannten *harten Verhandlungsstil,* so betrachtet man den Menschen als Gegner, den man in der Verhandlung besiegen will. Es wird auf den Positionen beharrt oder hart um sie gestritten. In der Extremform werden Konzessionen des anderen als notwendige Voraussetzung für das weitere Aufrechterhalten der Beziehung gesehen. Man ist auf der Hut, misstraut den anderen, wenn diese ebenfalls hart verhandeln, und macht sogar vor Einschüchterungsversuchen und Drohungen nicht halt.

Der sogenannte *weiche Verhandlungsstil* nimmt hierzu eine Gegenposition ein. Man betrachtet sich hier eher freundschaftlich und will sich gütlich miteinander einigen. Dabei ist man zu Zugeständnissen bereit, um die Beziehung nicht zu gefährden. Die Grundeinstellung ist eher durch Vertrauen geprägt, man ändert bereitwillig seine Position und operiert nicht mit Drohungen, sondern mit Angeboten im Sinne beiderseitigen Einvernehmens. So kann man zwar die Beziehung zum Verhandlungspartner aufrechterhalten, aber nur um den Preis von Zugeständnissen in der Sache.

Durch die Unterscheidung von Verhandlungsthema (worüber verhandelt wird) und Verhandlungsstil (wie verhandelt wird) wird wiederum eine Differenz deutlich. Eine Verhandlung ist nicht nur eine Verhandlung über das *Thema* (Preis, Zeit usw.), sondern gleichzeitig eine meistens implizite Verhandlung über die *Art der Verhandlung*. Fisher et al. (2006, S. 33) formulieren dies so: „Diese zweite Verhandlungsebene ist gewissermaßen ein Spiel ums Spiel – ein ‚Meta-Spiel'." Anstatt jedoch einen harten oder weichen Stil zu verfolgen, schlagen die Autoren einen dritten Stil vor – das prinzipienorientierte Verhandeln.

7.1.4 Prinzipienorientiertes Verhandeln

Das prinzipienorientiert Verhandeln verbindet die Vorteile des weichen und harten Stils. Man ist ‚hart' in der Sache und macht so nicht leichtfertig unnötige Zugeständnisse. Gleichzeitig ist man ‚weich' gegenüber dem Menschen, sodass die gegenseitige Beziehung durch das Verhandeln nicht nur nicht beschädigt, sondern womöglich gestärkt wird. Dies ist vor dem Hintergrund besonders wichtig, dass laut Fisher et al. (2006, S. 46) die meisten Verhandlungen „im Rahmen einer dauerhaften Beziehung" stattfinden.

Die Autoren unterscheiden beim prinzipienorientierten Verhandeln vier Kernelemente sowie einen Bewertungsmaßstab. Die vier Kernelemente sind ‚Menschen', ‚Interessen', ‚Optionen' und ‚Kriterien', der Bewertungsmaßstab ist das sogenannte BATNA. Alle fünf Elemente werden im Folgenden näher beschrieben werden.

7.2 Menschen

Die Kurzformel für den ersten Aspekt lautet: Behandle den Verhandlungsgegenstand und die Verhandlungspartner separat!

Die erste Botschaft des Harvard-Konzepts lautet: Die andere Seite einer Verhandlung besteht aus konkreten Menschen mit Gefühlen, Werten und biographischem Hintergrund in konkreten Arbeits- und Lebenszusammenhängen. So selbstverständlich dies ist, so leicht vergessen wir es auch. Die ‚menschlichen‘ Faktoren, d.h. emotionale und beziehungsmäßige Aspekte (z.B. Zorn und Misstrauen oder Freude und Respekt) können die Verhandlung erleichtern oder behindern. Hinzu kommen die übliche Fragilität von Kommunikation, Verstehen und gegenseitiger Abstimmung – Menschen missverstehen sich, beobachten Dinge nur aus ihrer eigenen Perspektive, nehmen Dinge persönlich, fühlen sich in ihrem Selbstwert verletzt usw. Wir sollten also den ‚menschlichen Faktor‘ als solchen in Verhandlungen berücksichtigen.

Die zweite Botschaft des Harvard-Konzepts lautet, dass die Vermischung von Sach- und Beziehungsebene zu Problemen führt. Dies geschieht typischerweise, wenn wir den anderen als Gegner oder Feind ansehen (Beziehungsebene), obwohl wir über eine Sache verhandeln (Sachebene). Stattdessen sollen der Verhandlungsgegenstand und der Verhandlungspartner (hier: Beziehung, Emotionen, Werte, Kommunikation usw.) getrennt voneinander behandelt werden. Auf diese Weise soll auch verhindert werden, dass die Verhandlung die Beziehung (und damit z.B. Folgeverhandlungen) schädigt und Beziehungsthemen eine Sacheinigung erschweren oder verhindern.

Die dritte Botschaft des Harvard-Konzepts lautet, dass der Faktor ‚Mensch‘ proaktiv behandelt wird. Das heißt auch, dass Beziehungen nicht nur instrumentell eingesetzt, sondern schon im Vorfeld aufgebaut werden sollten. Im Ernstfall sitzt man dann nicht mehr Fremden gegenüber, sondern hat schon eine gewisse gemeinsame Basis. Auch ist es wichtig sich zu vergegenwärtigen, dass der nndere nicht als Gegner betrachtet werden sollte, sondern als Partner, um gemeinsam ein Problem zu lösen. Fisher et al. (2006) unterscheiden drei Elemente des Faktors ‚Mensch‘:
- Vorstellungen,
- Emotionen,
- Kommunikation.

7.2.1 Vorstellungen

Auch Fisher et al. (2006) gehen von der Idee aus, dass der Mensch primär auf der Grundlage seines Modells der Welt (‚Vorstellungen‘) agiert. Das Modell der Welt des Verhandlungspartners – dessen Wahrnehmungen, Werte, Annahmen, Schlussfolgerungen usw. – ist also ein wichtiger Faktor des Verhandlungsprozesses. Dies gilt natürlich ebenso für uns – auch wir agieren nur aus unserem Modell der Welt heraus. Differenzen im Verhandlungsprozess lassen sich damit nicht immer durch die genauere Untersuchung der ‚Realität‘ (oder der ‚objektiven Fakten‘) verstehen und ausräumen, sondern durch ein besseres Verständnis des Modells der Welt der anderen Partei. Dabei müssen wir davon ausgehen, dass das Modell der Welt nicht einer objektiven Abbildung der Realität entspricht, sondern ein Konstrukt ist, dessen Inhalt durch unsere Interessen bestimmt wird.

Unser Modell der Welt wird durch unsere Interessenlage gefärbt. Nach Fisher et al. (2006) beachten wir bestimmte Informationen gezielt, während wir andere ignorieren. Die beachteten Informationen stimmen üblicherweise mit unseren Überzeugungen überein bzw. schützen unseren Selbstwert – wir sehen uns also gern in einem möglichst guten Licht. Informationen, die dem widersprechen, werden häufig ausgeblendet oder verzerrt.[18] Was die Beteiligten für die ‚objektive‘ Realität halten, ist häufig ein subjektiv ‚verzerrtes‘ Konstrukt der Realität.[19] Wir sollten also gewappnet sein, dass unsere ‚Fakten‘ zunächst nur in unserem Modell der Welt Gewicht haben und die andere Person dies berechtigterweise anders sehen kann.

Exkurs – Kognitive Dissonanz

Das Ausblenden von Informationen, die nicht ins Konzept passen, kann mit einem Prozess erklärt werden, der als ‚kognitive Dissonanz‘ bekannt ist. Als kognitive Dissonanz bezeichnet man einen als unangenehm empfundenen inneren Konflikt, der aufgrund nicht zu vereinbarender Kognitionen (Überzeugungen, Annahmen, Schlussfolgerungen, Meinungen, Gedanken usw.) bzw. nicht zu vereinbarender Kognitionen und Handlungen entsteht (Festinger 1957). Kognitive Dissonanz kann durch Verhaltensänderung, Wahrneh-

---

18 Beispielsweise Verzerrungen, um den Selbstwert zu schützen oder das Selbstbild aufrecht zu erhalten; vgl. Kap. 3 und 4.

19 Für Verzerrungen im Denkprozess s. Kahnemann (2011) oder Mai und Rettig (2011).

mungsänderung, Rationalisierung usw. geändert werden oder durch selektives Ausblenden dissonanter Informationen. Dies gilt auch für den Selbstwert. Menschen mit hohem Selbstwert neigen weniger zu Dissonanzreduktionsstrategien als Menschen mit einem niedrigen Selbstwert (Steele / Spencer / Lynch 1993).

Fisher et al. (2006) empfehlen aufgrund der Verzerrungstendenzen, unsere Urteile über die andere Seite einmal zurückzustellen und uns vorbehaltlos in deren Situation zu versetzen.[20] Auf diese Weise kann der Standpunkt der anderen Partei besser nachvollzogen werden, ohne jedoch damit einverstanden sein zu müssen. Bei diesem vorbereitenden Schritt sollte es allerdings nicht bleiben, sondern ein Gespräch über die jeweiligen Vorstellungen folgen.

Im Verhandlungsergebnis sollten die Vorstellungen der Gegenseite ebenso Berücksichtigung finden wie die eigenen Vorstellungen. Fisher et al. (2006) führen aus, dass man die andere Partei aktiv in den Verhandlungsprozess einbinden müsse und sie nicht nur mit Ergebnissen konfrontieren darf. Der Ausschluss vom Entscheidungsprozess provoziert Misstrauen und entwertet die Arbeit, Position, Ansichten und Erfahrungen der anderen. Aus dieser Konfrontation können wiederum negative Emotionen usw. erwachsen, die den Verhandlungsprozess behindern. Wird die andere Partei hingegen eingebunden, so kann sie am Prozess und damit am Ergebnis selbst mitwirken. Als Quintessenz formulieren Fisher et al. (2006, S. 56): „Soll die Gegenseite eine strittige Konsequenz akzeptieren, ist es entscheidend, dass Sie sie in den Prozess einbeziehen, aus dem sich diese Konsequenz ergibt."

Exkurs – Gerechtigkeit und Reaktanz

Die Prozessbeteiligung berührt zwei zentrale Themen, nämlich die Gerechtigkeit von Entscheidungen und den Umgang mit Zwang.
Thibaut / Walker (1975) untersuchen den Einfluss von gerichtlichen Verfahren auf die Wahrnehmung von Fairness. Hierbei unterscheiden sie die ‚procedural justice', d.h. die Gerechtigkeit des Verfahrens, von der ‚distributive justice', d.h. der Gerechtigkeit des Ergebnisses. Wird ein Verfahren als fair erlebt, so akzeptiert man eher nachteilige Ergebnisse, als wenn dies nicht der Fall ist. Dies gilt nicht nur für das Rechtssystem, sondern auch für andere Lebensbe-

---

20   S. auch die Empathie (d.h. ‚Einfühlendes Verstehen', Kap. 4.2) und das ‚Suspendieren von Annahmen' (Kap. 10.2.3).

reiche wie die Arbeit (Kim / Mauborgne, 1997). Zu einem fairen Prozess gehört, dass die eigene Stimme gehört wird, man also Teil des Entscheidungsprozesses ist.
Wenn uns bewusst wird, dass uns andere beeinflussen wollen – d.h. unsere persönliche Freiheit bzw. unsere Entscheidungs- und Handlungsfreiheit beschneiden wollen – so reagieren wir ‚reaktant', d.h. mit innerem Widerstand (Brehm 1966). Gleichzeitig versuchen wir im Rahmen der Möglichkeiten, die Entscheidungs- und Handlungsfreiheit zu verteidigen oder wieder zu erlangen. Man ‚trotzt' gewissermaßen. Wer also beispielsweise die Einstellung einer Person mit ‚Druck' ändern oder diese zu einem gewissen Verhalten bringen will, wird Reaktanz auslösen, je mehr dies als Einschränkung der Freiheit erlebt wird (Wicklund / Slattum / Solomon 1970). Auch der Ausschluss aus dem Entscheidungsprozess kann als Freiheitsberaubung gesehen werden.

7.2.2 Emotionen

Emotionen gehören zum Menschsein dazu, dementsprechend findet man sie auch im Verhandlungsverlauf. Bei manchen Themen sind Emotionen sogar ein fundamentaler Begleitumstand, beispielsweise bei Werksschließungen, Gehaltskürzungen oder bei anderen existenziellen Konflikten. Fisher et al. (2006) empfehlen, sich seiner Emotionen und der Emotionen der anderen bewusst zu werden[21] und gegebenenfalls über die Gefühle zu sprechen. Sollte die andere Partei auch einmal ‚Dampf ablassen' müssen, so kann man diese Gelegenheit zum Abreagieren bieten, da nach einem ‚klärenden Gewitter' gegebenenfalls besser verhandelt werden kann. Bei persönlichen Angriffen sollte man dennoch einschreiten. Problematisch wird das Abreagieren, wenn es die Stimmung weiter aufheizt. In diesem Fall empfiehlt sich eine Auszeit, um sich ‚abzukühlen' (Ury 1991).

7.2.3 Kommunikation

Fisher et al. (2006) sehen drei Grundprobleme bezüglich der Kommunikation: Die Menschen sprechen nicht oder nicht so miteinander, dass sie sich verstehen würden, sie hören nicht zu und sie missverstehen sich. An dieser

---

21 Hier bietet sich auch das Focusing (Gendlin 1998; Weiser Cornell 1997) an.

Stelle wird auf eine Darstellung der Ratschläge von verzichtet und stattdessen auf die Gesamtheit der in diesem Buch behandelten Themen verwiesen.

7.3 Interessen

Der Leitsatz für den zweiten Aspekt lautet: Strebe nach einer Befriedigung der zugrundeliegenden *Interessen* der Parteien, nicht der vordergründigen *Positionen.*

Interessen bestimmen Fisher et al. (2006, S. 72) als „Wünsche und Sorgen", etwas, das Menschen motiviert, die „stillen Beweggründe hinter den Durcheinander von Positionen". Fordert beispielsweise ein Elternteil, dass ein Kind um acht Uhr ins Bett geht, so wäre dies die Position (um die sich selbstverständlich ein Positionsgerangel entspinnt … „nur noch ein kleines bisschen!"). Das Interesse hinter diese Position kann vielschichtig sein – Gesundheit, ein geordneter Schlafrhythmus, Ruhe für die Eltern usw.

Positionen befriedigen üblicherweise die Interessen, aber es lassen sich oftmals verschiedene Positionen finden, die ein Interesse befriedigen. Weiterhin gibt es in Verhandlungen „trotz gegensätzlicher Positionen in aller Regel mehr gemeinsame als gegensätzliche Interessen" (Fisher et al. 2006, S. 74), und dies, obwohl sich die Positionen vordergründig widersprechen. Als wichtigste Grundbedürfnisse – und damit Interessen – nennen Fisher et al. (2006, S. 81):

- Sicherheit,
- wirtschaftliches Auskommen,
- Zugehörigkeitsgefühl,
- anerkannt sein,
- Selbstbestimmung.

Um die Interessen herauszufinden, empfehlen die Autoren, entweder
1. sich in die Rolle des anderen zu versetzen und sich zu fragen, warum die Person diese Position einnimmt, oder
2. die Person einfach selbst zu fragen: „Auch welchen Gründen wollen Sie …?"

Gleichzeitig kann man sich fragen, was die eigene Forderung für die Gegenseite bedeutet, also „welche Entscheidung die Menschen auf der Gegenseite von sich verlangt sehen" (Fisher et al. 2006, S. 78). Dabei gilt es, sowohl die Interessen des Individuums als auch Gruppeninteressen zu berücksichtigen (vgl. Fisher et al. 2006, S. 79 für Beispielfragen).

Zum einen hat jede einzelne beteiligte Person verschiedene Interessen. Zum anderen haben nicht alle Beteiligten der Gegenseite notwendigerweise dieselben Interessen. Schließlich haben Verhandlungspartner oftmals ‚Hintermänner' (Klient, Arbeitgeber usw.), deren Interessen die Personen ebenfalls in der Verhandlung berücksichtigen.

Wichtig ist es, dass der Verhandlungspartner bei seinen ‚Hintermännern' bzw. in der Öffentlichkeit das Gesicht wahren kann. Eine Entscheidung bzw. Vereinbarung sollte dementsprechend auch die Werte, den Selbstwert, die Achtung und das Image der Person bzw. der Gruppe, die er vertritt, berücksichtigen.

7.4 Optionen

Der Leitsatz für den dritten Aspekt lautet: Vergrößere den möglichen Lösungsraum und löse auch die Probleme des anderen!

Typischerweise denken wir in Verhandlungen eindimensional und gehen von einem begrenzten ‚Kuchen' aus. Die Eindimensionalität zeigt sich darin, worum verhandelt wird – typischerweise dreht es sich um eine Dimension wie den Preis, Besuchszeiten, den Wert von Erbsachen, die Größe von Grundstücken usw. Dies wird mit der Idee des ‚begrenzten Kuchens' gekoppelt – gewissermaßen einem Nullsummenspiel, bei dem der Gewinn des einen der Verlust des anderen ist.

Bei solchen Betrachtungen gibt es Gewinner und Verlierer. Einer wird das größere und saftigere Stück vom ‚Kuchen' bekommen und der andere nicht. Derjenige, der dies nicht bekommt, wird sich wahrscheinlich als Verlierer der Verhandlung fühlen und entsprechend unzufrieden sein. Dies kann nicht nur die Beziehung belasten, sondern dazu führen, dass diese Person es der anderen später ‚heimzahlen' wird, um quitt zu sein.

Das Harvard-Konzept sieht vor, dass in einer Verhandlung die Anzahl der Wahlmöglichkeiten *vergrößert* wird. Hierzu sind wiederum zwei Aspekte wichtig, nämlich
1. eine innere Haltung und
2. ein Prozess, mit dem die Wahlmöglichkeiten vergrößert werden.

7.4.1 Die innere Haltung

Die Idee, das Menu an Optionen zu vergrößern, erscheint zunächst contraintuitiv. Dies liegt nach Fisher et al. (2006) an vier inneren Einstellungen, die der Entwicklung von Wahlmöglichkeiten entgegenstehen. Hierzu gehören:

* die Neigung zu vorschnellen oder kritischen Urteilen,
* die Idee, es müsse eine ‚richtige‘ Lösung geben,
* die Vorstellung, der ‚Kuchen‘ sei begrenzt und
* die Idee, dass jeder seine Probleme selber lösen müsse.

Im Folgenden werden diese vier Einstellungen kurz aufgeschlüsselt und Alternativen formuliert.

* Vorschnelles und kritisches Urteilen vs. Trennung von Optionen-Suche und -Bewertung: Häufig neigen wir unter dem Stress einer Verhandlung zu vorschnellen Urteilen. Der Bewusstseinsfokus ist auf das vordergründige Thema eingeschränkt und der kritische Geist aktiviert, welcher zu jedem Argument das Gegenargument sucht und findet. Aus diesem Grund sollte man den Prozess der Beurteilung einer Option von dem Prozess des Findens einer Option trennen. Hierzu ist eine offene, kreative und spielerische Haltung für das Finden der Optionen hilfreich.
* Die eine Lösung finden vs. viele Optionen kreieren: Wer die Idee verfolgt, ‚die eine‘ richtige oder die beste Lösung zu finden, engt seinen Suchfokus ein. Häufig haben wir eine implizite Idee davon, was diese beste Lösung ist, sodass wir alles, was passiert, vor diesem Hintergrund beobachten. Im Extremfall ist ‚die eine‘ Lösung so in unserem Bewusstsein präsent, dass wir blind für Alternativen werden. Es empfiehlt sich also, sich dieses einengenden Fokus bewusst zu sein und zunächst die Anzahl der Optionen zu vermehren, und nicht auf ‚die eine‘ einzuengen.
* Begrenzter ‚Kuchen‘ vs. den Kuchen vergrößern: Weiterhin behindert die Idee, dass ‚der Kuchen‘ begrenzt sei, die Suche nach Optionen. Wenn beide Parteien die Situation als entweder/oder-Situation begreifen, so ist jeder Gewinn für die eine Partei ein Verlust für die andere. In diesem Fall verengt sich der Bewusstseins- und Kommunikationsfokus darauf, ein möglichst großes Stück vom Kuchen abzubekommen. Stattdessen empfiehlt es sich, sich nicht von der vordergründigen Eindimensionalität der Verhandlung abschrecken zu lassen und den ‚Kuchen‘ zu vergrößern. Dies bedeutet auch, nach vorteilhaften Lösungen für *beide* Seiten zu suchen.
* Jeder steht für sich selbst ein vs. die Probleme des anderen mit lösen: Die letzte Einstellung, die dem Suchen nach Optionen zu beiderlei

Vorteil entgegensteht, betont in gewisser Weise die Gegnerschaft der Verhandelnden – jeder muss eben selbst sehen, wo er/sie bleibt. So beschäftigt sich jede Seite nur mit den eigenen Interessen, aber nicht mit den Interessen der anderen Partei. Stattdessen sollten Lösungsvorschläge entwickelt werden, die die Interessen des anderen ebenso berücksichtigen wie die eigenen Interessen. In gewisser Weise geht es darum, der anderen Partei Brücken zu bauen, über die sie leicht gehen kann, um damit die gleichzeitige Sicherstellung der eigenen Interessen zu gewährleisten.

7.4.2 Der Prozess

Fisher et al. (2006) schlagen verschiedene Prozesse und Verfahren vor, mit denen die vier obigen Aspekte bearbeitet werden können. Tabelle 19 stellt die Alternativen den begrenzenden Vorstellungen gegenüber.

Tabelle 19: Begrenzende Vorstellung und deren Alternativen bei der Optionengenerierung

Problem	Alternative
Kritisches Urteilen	Trennung von Optionen-Generierung und Optionen-Bewertung im Brainstorming
Suche nach der einen Lösung	Vergrößerung der Optionen im Problemlösekreis
Begrenzter Kuchen	Lösungen zu beiderseitigem Vorteil
Jeder muss sein Problem selber lösen	Der Gegenseite die Entscheidung erleichtern

Um den kritischen vom kreativen Geist zu trennen, schlagen Fisher et al. (2006) das sogenannte ‚Brainstorming' vor. Hierzu trifft sich eine Gruppe von ca. fünf bis zwanzig Personen in anderer als der üblichen Umgebung und generiert in lockerer Atmosphäre neue Ideen. Störungen von außen sind zu unterbinden. Dabei darf keine Kritik an den Ideen anderer geäußert werden. Die Ideen werden während der Ideengenerierung notiert und an einer Pinnwand o.ä. visualisiert. Die Bewertung und Auswahl der Ideen geschieht nach einer Zeitspanne von fünf bis 30 Minuten.

Exkurs – Brainstorming

Das Brainstorming wurde von Alex F. Osborn (1888–1966) erfunden und von Charles H. Clark (1920–2009) weiter entwickelt. Die Methode ist heute weit verbreitet und kann als Synonym für kreative Ideengenerierung in Gruppen verstanden werden. Die Methode wird bei Osborn (1953) und Clark (1958) detailliert beschrieben. Weitere Varianten des Brainstormings wie das ‚Brainwriting‘ oder die ‚Kartenabfrage‘ werden ebenfalls praktiziert (N. N., 2007). Tatsächlich unterstützen die von Osborn vorgeschlagenen Prinzipien die Ideengenerierung. Spätere Forschung zeigt jedoch, dass die zusammengefassten Leistungen Einzelner mehr kreative Ideen generieren als klassische Brainstorming-Gruppen (Diehl / Stroebe 1987; Nijstad / Stroebe 2006).

Eine Möglichkeit, mehr Optionen zu kreieren, besteht in der Anwendung eines Problemlösekreises sowie in der flexiblen Variation der jeweiligen Schritte. Der Problemlösekreis besteht aus den Schritten ‚Problemdefinition‘, ‚Problemanalyse‘, ‚Lösungsmöglichkeiten‘ und ‚Umsetzungsmöglichkeiten‘, die Tabelle 20 zusammenfasst.

Tabelle 20: Schritte des Problemlösekreises

Schritte	Erklärung
Schritt 1: Beschreibung des Problems	Was genau sind die Symptome der unerwünschten Situation?
Schritt 2: Analyse des Problems	Wie können wir Symptome und mögliche Ursachen kategorisieren?
Schritt 3: Identifizierung von Vorgehensmöglichkeiten	Wie können wir den problematischen Umstand beheben?
Schritt 4: Generierung von Lösungsschritten	Welche konkreten Maßnahmen müssen wir pro Lösungsschritt ergreifen?

Die flexible Variation besteht im Wechsel der jeweiligen Schritte. Hat man beispielsweise eine konkrete Idee vor sich (Schritt 4), so kann sich fragen, zu welchem allgemeinen Lösungsansatz diese Idee gehört (Schritt 3). Hat man diesen identifiziert, kann man weitere konkrete Ideen zu diesem Lösungsansatz generieren. Weiterhin kann man vom Lösungsansatz (Schritt 3) zu Problemanalyse (Schritt 2) zurückgehen, in dem man sich fragt: „Wenn dies ein guter Lösungsansatz ist, welche Problemdiagnose, welche Grundannahmen über das Problem liegen dann vor?" Hat man dies identifiziert, können weitere Lösungsansätze erarbeitet werden.[22]

Um mehr Optionen zu kreieren, kann man sich auch in die Rolle verschiedener Experten – und damit Weltsichten und Deutungsschemata – begeben. Man vergegenwärtigt sich entsprechende Rollen (z.b. Arzt, Bankier, Börsenmakler, Erfinder, Erzieher, Feministin, Immobilienspekulantin, Liberale, Konservativer, Ökologe, Ökonom, Rechtsanwältin, Richter, Sozialdemokratin, Sozialist, Therapeut, Unternehmerin, Umweltschützer, Wissenschaftlerin usw.) oder sucht eine Person, in die man sich ganz hineinversetzt. Die so generierten Ideen können wiederum mit dem Kreisdiagramm untersucht werden.

Auch eine Variation des ‚Wirkungsgrads' einer Lösung erhöht die Anzahl der Optionen. Im Prinzip bedeutet dies, von Alles-oder-nichts-Positionen zu Teillösungen zu gelangen und von dort aus weiter zu arbeiten. Statt sich bereits über das Verhandlungsthema zu einigen, einigt man sich zunächst über den Prozess und Kriterien. Anstelle von endgültigen Lösungen stehen vorläufige, anstelle von umfassenden Lösungen stehen Teillösungen usw.

Vor allem das Aufteilen des Gesamtpakets in Teillösungen – von Fisher et al. (2006, S. 109) als ‚Veränderung der Reichweite der Übereinkunft' bezeichnet, bietet viele Variationsmöglichkeiten, in denen beispielsweise Lösungen nur für einige Parteien (aber nicht für alle), nur für bestimmte Themen (aber nicht für alle), nur für bestimmte Märkte, Zuständigkeiten oder geografische Regionen oder nur für eine bestimmte Dauer gefunden werden. Allerdings ist auch die Vergrößerung des Bezugsrahmens eine Veränderung der Reichweite. Beispielsweise könnte das ursprüngliche Thema zu einem von mehreren werden, sodass man in deutlich größerem Maßstab verhandelt und das ursprüngliche Thema damit in anderem Kontext sieht.

Statt sich darauf zu konzentrieren den größten Teil des Kuchens zu gewinnen, sollten Optionen entwickelt werden, die für beide Seiten von Vorteil sind. Hierzu gilt es zunächst, die eigenen Interessen und die der Gegenseite zu entdecken (siehe *Perspektivenübernahme*, Kapitel 7.2.1 und *Interessen*, Kapitel 7.3). Fisher et al. (2006) führen aus, dass es im Prinzip immer gemeinsame Interessen gibt, auch wenn dies nicht so scheinen mag. Dies bezieht sich womöglich nicht immer auf den Verhandlungsgegenstand selbst,

---

22 Dieses Vorgehen entspricht dem *chunking up* und *chunking down* aus dem Reframing (vgl. Kap. 9.5).

sondern auf die Beziehung (soll sie langfristig erhalten werden, was für Möglichkeiten ergeben sich hieraus usw.?), aus den Kosten (finanzielle, organisationale, persönliche, Image und Reputation usw.) oder allgemeinen Prinzipien (faire Preise nach objektiven Kriterien; siehe Kapital 7.5).

Da man nie mit abstrakten Entitäten verhandelt, sondern immer mit konkreten Personen, sollte man sich zunächst auf diese konzentrieren. Hier fragt man sich, was die Interessen dieser Person sind, aber auch, was das Problem dieser Person ist. Vermutlich ist die verhandelnde Person anderen Rechenschaft schuldig und wird von vielerlei Personen oder Gruppen bewertet. Was also braucht die andere Person, um sowohl eine Verhandlungsoption anzunehmen als auch diese Option weiter zu vertreten?

Das Ziel ist also, auf der Basis der identifizierten Interessen Lösungsvorschläge zu generieren, die der anderen Person die Annahme möglichst leicht machen. Hierzu sollte man die angestrebte Absprache in einem eigenen Brainstorming schriftlich und möglichst einfach formulieren. Dann werden komplexere Absprache-Varianten formuliert, die berücksichtigen, welche Bedingungen der Gegenseite eine Annahme erleichtern.

In den Formulierungen sollte man darauf achten, dass die Rechtmäßigkeit (ist die Absprache legal, fair, ehrenhaft usw.) nicht verletzt wird. Auch Präzedenzfälle, in denen die Verhandlungspartner bereits auf eine bestimmte Weise gehandelt haben, sind nützlich.

Weiterhin sollte man sich nicht nur in die andere Person hineinversetzen, um ihre Interessen zu erkunden, sondern auch um zu erfahren, was der anderen Seite an einer Abmachung gefallen würde – was wäre interessant für sie? Die verschiedenen Varianten kann man dann hinsichtlich der Konsequenzen durchdenken, welche die andere Seite sich einhandeln würde. Würde die Person beispielsweise für ein Abkommen kritisiert – und wenn ja, wie? Diese Informationen kann man wieder in die Optionengewinnung einfließen lassen.

7.5 Kriterien

Der Leitsatz für den vierten Aspekt lautet: Bestehe auf der Anwendung fairer Kriterien, die vom Willen des Einzelnen unabhängig sind!

Wie oben ausgeführt wurde, ist der Prozess des Feilschens teuer. Wenn eine Entscheidung aufgrund des stärkeren Willens der einen Partei getroffen wurde, so entstehen nicht nur Kosten auf der Beziehungsebene, sondern es wird wahrscheinlich auch eine Vereinbarung getroffen, die nicht das beste

Interesse beider Parteien berücksichtigt. Von daher besteht der Ansatz des Harvard-Konzepts darin, dass sich beide Parteien objektiven Entscheidungskriterien unterwerfen, die vom persönlichen Willen unabhängig sind. Dadurch wird verhindert, dass die Parteien mittels Druck zum Ziel kommen. Stattdessen wird eine auf vernünftigen Kriterien beruhenden Einigung angestrebt. Diese Kriterien können sich einerseits auf die Beurteilung einer Sache beziehen oder andererseits auf die Art und Weise, wie Entscheidungen stattfinden. Beide Punkte werden unten weiter ausgeführt.

7.5.1 Faire Sachkriterien

Vor einer Verhandlung sollten wir uns die verschiedenen objektiven Kriterien überlegen, die zur Beurteilung in einer bestimmten Situation angewendet werden können. Dies kann am Beispiel eines beschädigten Autos bedeuten (entnommen aus Fisher, et al., 2006, S. 127f.):

- Neuwert abzüglich Abnutzung
- Listenpreis für Autos des entsprechenden Modells und Alters
- Kriterien eines Gerichts
- wissenschaftliche Gutachten

- Verkaufswert des Autos
- Beschaffungspreis für ein vergleichbares Auto
- frühere Vergleichsfälle
- Kriterien von Sachverständigen

7.5.2 Faire Prozesskriterien

Neben einer fairen und objektiven Beurteilung der Sachlage kann auch der Verhandlungsprozess Kriterien unterworfen werden, die unabhängig vom Willen der Beteiligten sind.

Hierbei kann man verschiedene Verfahrensweisen unterscheiden, die jedoch alle gemein haben, dass die Entscheidung vom Willen einer Person unabhängig gemacht wird. Dies kann beispielsweise bedeuten, dass man die Rollen tauscht oder eine dritte, unabhängige Macht entscheiden lässt:

- Einteilung der Posten und Wahl erfolgt durch unterschiedliche Parteien. Dieses Verfahren kennt man vielleicht vom Kindergeburtstag: Einer schneidet das letzte Stück in zwei Teile, der andere wählt. Dieses Verfahren findet aber auch bei Erbstreitigkeiten oder Seerechtsverhandlungen Anwendung.

• Ein Los entscheiden lassen, nachdem die Posten aufgeteilt sind.

• Ein unabhängiger Dritter – beispielsweise ein Experte, ein Schlichter oder Schiedsrichter – trifft eine Entscheidung.

7.5.3 Verhandlung um Prozess und Inhalt

Das Verhandeln darum, *wie* wir verhandeln, ist ebenso Gegenstand der Verhandlung, wie das Verhandlungsthema selbst. Die oben angeführten fairen Kriterien müssen ebenso in die Verhandlung eingeführt und mit dem Verhandlungspartner abgestimmt werden. Das bedeutet, dass sowohl der Verhandlungsprozess als auch die eigene innere Haltung entsprechend ausgerichtet sein müssen.

Der Verhandlungsprozess wird hierzu neu gerahmt,[23] er wird von einer Auseinandersetzung zur gemeinsamen und kooperativen Suche nach objektiven Kriterien, denen beide Parteien zustimmen. Das heißt auch, dass man innerlich eine ‚objektive' Haltung analog der eines Richters oder Mediators einnimmt. Auf diese Weise bleibt man vernünftigen Vorschlägen des Verhandlungspartners gegenüber offen, d.h. auch fairen und objektiven Kriterien, die die andere Seite in die Verhandlung einbringt.

Wenn beide Parteien unterschiedliche Kriterien einbringen, können auch diese ‚objektiv' entschieden werden – beispielsweise danach, welche früher bereits gemeinsam angewendet wurden oder welches Kriterium verbreiteter oder das übliche ist. Auch kann man wiederum eine dritte Instanz entscheiden lassen, welche Kriterien Anwendung finden.

Wenn die Anwendung zweier unterschiedlicher Kriterien zu unterschiedlichen Ergebnissen führt, so sind hier auch Kompromisse denkbar. Man könnte sich in diesem Fall in der Mitte treffen oder die Differenz anderweitig kompensieren.

Dabei ist wichtig, dass wir nicht etwaigem Druck nachgeben, den die andere Partei aufbaut. Ebenso falsch wäre es, selbst Druck auszuüben. Stattdessen könnten die Vorschläge der anderen Person mit Fragen oder anderen Vorschlägen in Richtung des sachgerechten Verhandelns gelenkt werden. So könnten wir uns erkundigen, wie die Person zu einem Preisvorschlag gelangt ist („Nach welchen Kriterien sind Sie zu diesem Wert

---

23 Gerahmt, d.h. *reframed*, s. Kap. 9.

gekommen?") oder eine entsprechende Rahmung vornehmen („Mir geht es um ein faires Ergebnis, das wir nach vernünftigen Kriterien entscheiden sollten").

7.6 BATNA: Best alternative to negotiated agreement

Die Machtverhältnisse sind in Verhandlungen nicht immer zu unseren Gunsten verteilt – manchmal sogar deutlich zu unseren Ungunsten. In solchen Situationen trägt eine Verhandlungsmethode nicht dazu bei, dass wir bekommen, was wir wollen, sondern übernimmt eine eher defensive Funktion. In diesem Fall hilft uns die Verhandlungsmethode, uns zum einen vor Vereinbarungen zu schützen, die wir in der Rückschau lieber nicht eingegangen wären. Zum anderen hilft sie uns, das Beste aus der Situation zu machen.

7.6.1 Schutz vor nachteiligen Vereinbarungen mit einem Limit

Üblicherweise setzt man sich ein Limit, das heißt eine obere Grenze des Preises, den man zu bezahlen bereit ist, bzw. eine untere Grenze dessen, was man mindestens in einer Verhandlung erlangen möchte. Bezieht sich das Limit auf Geschäftstransaktionen, würde man unterhalb des Limits nicht verkaufen und nicht mehr als das obere Limit zahlen.

Ein Limit kann einen also vor einer nachteiligen Übereinkunft schützen. Allerdings hat die Verwendung eines Limits – verstanden als unverrückbare Position – mehrere Nachteile. Zum einen wird das Limit im Vorfeld einer Verhandlung gesetzt. Damit werden jedoch Informationen, die man während des Verhandelns erfährt, nicht berücksichtigt.

Zum anderen beschränkt das Limit die Verhandlungsführung üblicherweise auf eine Variable – z. B. den Preis. Damit wird jedoch der Optionen-Ansatz konterkariert, da in der Verhandlung entwickelte Alternativen nicht in das Limit ‚eingepreist' werden können.

Schlussendlich kommt das Limit selten realistisch zustande, sondern wird oft zu hoch oder zu niedrig eingeschätzt. Dies führt entweder zu nachteiligen Übereinkünften (man hätte mehr bekommen können oder weniger bezahlen müssen) oder zu keinen Übereinkünften (man ist nicht bereit, einen ‚eigentlich' angemessenen Preis zu bezahlen bzw. die andere Partei ist nicht bereit, den Preis des ‚eigentlich' überhöhten Limits zu zahlen).

7.6.2 Schutz vor nachteiligen Vereinbarungen mit dem BATNA

Statt des Limits schlagen Fisher et al. (2006) vor, sich über die eigene beste Alternative zu einer Verhandlungsübereinkunft (*Best Alternative To Negotiated Agreement*, BATNA) klar zu werden. Das BATNA gibt Auskunft darüber, was passiert, wenn nichts passiert – wenn wir nicht zu einer Verhandlungsübereinkunft kommen. Die Übereinkunft, die wir akzeptieren, sollte besser sein als unser BATNA.

Eine Gefahr bei der Bestimmung des BATNA liegt darin, dass man die Alternativen gebündelt betrachtet und somit sein BATNA zu gut einschätzt. Zählt man beispielsweise alle Alternativen nacheinander auf, so verfällt man dem Charme der versammelten Alternativen und vergisst dabei, dass man nur eine der Alternativen realisieren kann. Wir sollten also genau abschätzen, was wir stattdessen tun, wie hoch etwaige Eintrittswahrscheinlichkeiten eingeschätzt werden, wie hoch der Aufwand dafür wäre usw.

Das Aufschreiben der Alternativen, Brainstorming, Recherchen über den Markt usw. erweist sich als hilfreich, das BATNA zu entwickeln. Dabei sollten die besten der recherchierten Alternativen zu konkreten Handlungsplänen weiterentwickelt werden. Die beste realistische Alternative dient dann als unser BATNA.

Eine weitere Hilfe bei Verhandlungen ist eine imaginäre Warnlinie, die zwar besser ist als das BATNA, aber deutlich schlechter als das potenziell beste Ergebnis. Wenn man diese Warnlinie bei einer Verhandlung erreicht, sollte man (kurz) innehalten, um sich die Situation, etwaige neue Informationen usw. zu vergegenwärtigen.

7.6.3 Den bestmöglichen Nutzen realisieren

Ein realistisches BATNA kann uns helfen, eine starke Verhandlungshaltung einzunehmen. Je attraktiver unser realistisches BATNA, desto stärker ist unsere Verhandlungsmacht, da wir wissen, was auf dem Spiel steht bzw. wie unsere Alternativen sind.

Ein BATNA verschafft uns weiterhin Verhandlungsflexibilität, denn manchmal werden erst durch den BATNA-Prozess neue Alternativen aufgedeckt, die uns helfen, in der Verhandlung zu bestehen.

7.7 Übungen

Einzel- oder Triadenübung zur Vorbereitung einer Verhandlung
Benjamin Fischer ist 27 Jahre alt und momentan als Teamleiter in der
deutschlandweit vertretenen Elektrofachhandel-Kette *ABC Elektronik*
tätig. Er arbeitet in einer Filiale in einer deutschen Großstadt in NRW
und kümmert sich primär um den Bereich ‚Computer und -Zubehör'.
Nach seinem Bachelor-Studium wollte Benjamin zunächst Arbeitserfah-
rungen sammeln und hat sich deswegen bei *ABC Elektronik* beworben.
Er hat dort mehrere Trainee-Programme durchlaufen und ist dann in
die Filiale in NRW gekommen. Dort hat er mittlerweile fünf Jahre gear-
beitet.
Benjamin wohnt in einem kleinen Appartement. Mit dem Auto sind es
je nach Verkehrslage 45-60 Minuten zur Arbeit. Da die Filiale in einem
auf der ‚grünen Wiese' gebauten Einkaufspark liegt, gibt es bislang noch
keine Bus- oder Straßenbahnanbindung. Aus diesen Gründen hat er sich
auch vor drei Monaten auf Kredit ein neues und schnelleres Auto geleis-
tet. An den Wochenenden trifft er sich häufig mit seiner Freundin Anne,
die in einer Nachbarstadt lebt. Auch hierfür ist der schnellere Wagen gut.
Langfristig kann sich Benjamin auch vorstellen, mit Anne eine Familie
zu gründen. Vorher würde er gern Karriere machen und sich breiter
qualifizieren, um die Familie gut versorgen zu können. Auch träumt
Benjamin davon, sich an der Universität weiter zu qualifizieren und einen MBA zu machen. Dies kostet allerdings Geld, was er momentan
nicht zur Verfügung hat.
Momentan bietet sich Benjamin die Möglichkeit für eine Beförderung
zum Abteilungsleiter ‚Unterhaltungselektronik', da die vorherige Stelleninhaberin aus privaten Gründen in eine Filiale in einer anderen Stadt
gewechselt ist. Benjamin interessiert sich für die Stelle, da dies eine Ge-
haltserhöhung und auch mehr Verantwortlichkeit verspricht. Hierfür
steht ein Gespräch mit dem Filialleiter, Herrn Manfred Müller, an, in
dem Benjamin sowohl die Verantwortlichkeiten als auch das neue Gehalt
verhandeln möchte. Für Benjamin ist klar, dass auf jeden Fall eine Steigerung von 4500 Euro/Jahr drin liegen muss. Dies begründet er für sich
mit vier Gründen:
1. braucht er das Geld, um sowohl seine Schulden für das neue Auto
   abzubezahlen und sich endlich auch ein paar schöne Sachen (Urlaub,
   Kleidung, Elektronik, ggf. neue Wohnung, um mit der Freundin zu-
   sammenzuziehen) zu leisten.

2. hat er das Geld auch verdient, da er seines Erachtens gute Arbeit leistet. Niemand kann seine Kollegen so motivieren und kümmert sich so gut um die Bedürfnisse der Kunden wie er. Er sieht sich als Stütze des Teams und genießt ein gutes Ansehen und eine gewisse Autorität unter den Kollegen.

3. ist die neue Position mit mehr Verantwortlichkeiten, Stress und Arbeit verbunden, und die müssen ja auch bezahlt werden.

4. hat er von Kollegen gehört, dass die vorherige Stelleninhaberin eben diesen Betrag mehr verdient haben soll[24].

Zur Vorbereitung der Verhandlung sollte man sich die eigenen Interessen, Optionen, Kriterien und das BATNA verdeutlichen. Weiterhin sollte man sich vor Augen führen, wer der unmittelbare und mittelbare Verhandlungspartner ist und sich deren vermutete Interessen, Optionen, evtl. Kriterien und deren BATNA vor Augen führen.

Beantworten Sie auf der Grundlage des Falles die folgenden Fragen. Sie können Ihre Lebenserfahrung mit einfließen lassen, um Leerstellen auszufüllen. Es gibt dabei kein eindeutiges ‚richtig' oder ‚falsch' – die Übung dient dazu, sich anhand eines konstruierten, aber realistischen Falles mit der Logik des Harvard-Konzepts vertraut zu machen.

– Wo liegen die Interessen von Benjamin? Was sind kurz- und langfristige, was persönliche und berufliche Interessen?
– Wo liegen die vermutlichen Interessen von Manfred Müller?
– Welche Stakeholder sind noch von der Verhandlung betroffen, wie sind deren (vermutete) Interessen?
– Welche gemeinsamen oder grundlegenden Interessen liegen den oben identifizierten Interessen zugrunde? Welche weiteren Funktionen erfüllen die oben identifizierten Interessen?

Suchen Sie für die identifizierten Interessen mehrere Optionen, die diese befriedigen können.

Überlegen Sie sich objektive Kriterien, anhand derer man das neue Gehalt von Benjamin bestimmen könnte. Falls sich Benjamin und Herr Müller nicht einigen könnten – welche Elemente eines fairen Prozesses könnten noch angewendet werden?

---

24   Dieses Fallbeispiel ist entlehnt aus Fisher und Ertel (1995).

BATNA

- Identifizieren Sie verschiedene Alternativen, um die Interessen von Benjamin zu befriedigen, falls er sich nicht mit Herrn Müller einigen kann. Welche davon erscheint als die attraktivste und warum?
- Identifizieren Sie verschiedene Alternativen, um die Interessen von Herrn Müller zu befriedigen, falls er sich nicht mit Benjamin einigen kann. Welche davon erscheint euch als attraktivste und warum?

Gruppenübung – Aktives Zuhören und Sachthemen, Gefühle und Interessen

Diese Übung kombiniert das aktive Zuhören (siehe Kapitel 4.3) mit dem Punkt ‚Mensch / Kommunikation' des Harvard-Konzepts (siehe Kapitel 7.2.3).

Für diese Übung finden sich Vierer-Gruppen zusammen. A erzählt zunächst eine kleine Problem- oder Konfliktsituation, die anderen drei Personen hören aktiv zu. Jede der drei anderen Personen hat jedoch einen unterschiedlichen Schwerpunkt. B hört primär auf die Sachebene, C hört primär auf die emotionale Ebene und D hört primär auf Interessenebene. Wenn die Person A geendet hat, geben B, C und D Feedback darüber, was sie gehört haben.

Ein Durchgang dauert ca. 20 Minuten (10 Minuten Geschichte, 10 Minuten Feedback). Danach rotieren die Positionen. Wird die Übung in Triaden durchgeführt, so übernimmt C sowohl Emotionen als auch Interessen.

7.8 Literatur

Fisher, R. / Ury, W. / Patton, B. (1984): Das Harvard-Konzept (23. Auflage 2009). Frankfurt/M.: Campus

Fisher, R. / Ertel, D. (1995): Getting Ready to Negotiate. New York: Penguin Books

Fisher, R. / Shapiro, D. (2005): Beyond Reason. New York: Viking

Portner, J. (2010): Besser verhandeln. Offenbach: Gabal

Ury, W. (1991): Getting past no. London: Random House

8. Fragen mit Struktur: Richard Bandler und John Grinder

Richard Bandler (*1950) und John Grinder (*1939) sind die Begründer des NLPs (Neuro-linguistisches Programmieren). 1972 transkribiert der Student Bandler Therapiemitschnitte von Fritz Perls (1893–1970), dem Begründer der Gestalttherapie. Durch die intensive Beschäftigung mit dem Material modelliert Bandler unbewusst die Sprach- und Handlungsmuster von Perls und baut so eine rudimentäre intuitive Therapiekompetenz auf. Damals studiert Bandler an der University of California, die sich durch eine liberale Atmosphäre auszeichnet. Hier ist besonders das 1971 gegründete Kresge College zu nennen. Der erste Provost (Präsident) ist durch die Encounter-Bewegung beeinflusst und startet das Kresge College als partizipative Demokratie ebenfalls mit einer Encounter Group (‚Creating Kresge College‘). Auch Gregory Bateson arbeitet damals am Kresge College. 1972/1973 beginnt Bandler, am Kresge College Gestalt-Sitzungen anzubieten und die Sprach- und Handlungsmuster von Perls auszuprobieren. Da Bandler noch Student ist, benötigt er hierfür einen Supervisor, den er in John Grinder findet. Grinder ist damals Assistenzprofessor für Linguistik und arbeitet auch mit Gregory Bateson zusammen. Grinder nimmt an den Seminaren teil und modelliert die Arbeit Bandlers, um so durch systematische Beobachtung ein explizierbares Modell der wirksamen Sprachmuster zu etablieren. Aus der Modellierung der Arbeit von Frederick Perls (Gestalttherapie) und Virginia Satir (Familientherapie), die sie ebenfalls 1972 zum ersten Mal treffen, entsteht das erste NLP-Modell – das sog. ‚Meta-Modell‘. Die Sprachmuster des Meta-Modells sind explizit und damit lehr- und lernbar. Ein Teil der intuitiven Kompetenz der therapeutischen ‚Magier‘ Perls und Satir ist damit jedem Lernenden zugänglich.

Die Technik des Modellierens ist eine zentrales Merkmal des NLP, bei dem die ‚Strukturen subjektiver Erfahrung‘ expliziert werden. Geschieht dieses bei kompetenten Modellen, kann eine lehr- und lernbare *Best Practice* für den entsprechenden Verhaltensbereich modelliert werden.

Bis Mitte der 1980er Jahre kreieren Bandler und Grinder gemeinsam mit ihren ersten Schülern ein Korpus von Modellen, die schließlich als NLP bekannt werden. Danach kommt es zur Trennung; beide verfolgen unterschiedliche Ansätze. Heute gibt es eine breite Vielfalt an NLP und NLP-nahen Interventionsmethoden und Systemen, die teilweise kritisch diskutiert werden.
Quellen: McClendon 2003, Plate 2008, Walker 1998

8.1 Ausgangslage und Problemstellung

Eine zentrale Grundannahme des NLP lautet: „The map is not the territory." Dieses Bonmot, das auf Alfred Korzybski (1995) zurückgeht, besagt, dass wir Sprache verwenden, um eine ‚Landkarte' der Realität erzeugen, jedoch diese Karte von der Realität zu unterscheiden ist. Wenn unsere Beschreibungen der Wirklichkeit ‚bloß' Karten sind, die eine bestimmte *Funktion* erfüllen, so lohnt es sich nicht, über die Richtigkeit dieser Karten zu diskutieren. Dies würde implizieren, jemand kenne die ‚wirkliche' Realität, und könnte diese mit der Karte vergleichen. Stattdessen können wir aber die *Funktionalität* der Karte und die *Konsequenzen* ihrer Verwendung untersuchen. So ist es beispielsweise nicht angemessen zu sagen, dass eine Karte des U-Bahn-Netzes weniger akkurat wäre als ein ausführlicher Stadtplan im Verhältnis 1:10.000, da beide unterschiedliche Funktionen haben. Für Fahrten in der U-Bahn ist die rein strukturelle Entsprechung der richtigen Reihenfolge der Haltestellen vollkommen ausreichend. Wird diese Karte jedoch für andere Zwecke verwendet, büßt sie ihre Wirksamkeit ein. In Korzybskis Worten klingt dies so: „… wichtige Charakteristika von Karten sollten festgestellt werden. Eine Landkarte ist nicht das Gebiet, das sie darstellt, sondern hat, wenn sie genau ist, eine dem Gebiet ähnliche Struktur, worin ihre Brauchbarkeit begründet ist …" (Korzybski, 1958, zitiert nach Bandler / Grinder 1984, S. 27).

Die zweite Quelle, auf die sich Bandler und Grinder (1984) beziehen, ist der Philosoph Hans Vaihinger (1852–1933) der ebenfalls die Instrumentalität unser Vorstellungen betonte: „Man muß hierbei sich daran erinnern, daß die ganze Vorstellungswelt in ihrer Gesamtheit nicht die Bestimmung hat, ein Abbild der Wirklichkeit zu sein – dies ist eine ganz unmögliche Aufgabe – sondern ein Instrument, um sich leichter in derselben zu orientieren." (Vaihinger 1924, zitiert nach Bandler / Grinder 1984, S. 27)

Zentral ist hierbei die Aussage, dass wir gar nicht anders können, als mit inneren Landkarten zu operieren. Wir haben keinen direkten und unverfälschten Zugang zur Realität. Ein großes Problem besteht, wenn wir die Karte mit der Realität verwechseln. Wir reagieren dann auf der Grundlage unserer internen Repräsentation der Realität und handeln so, *als ob* dies die vollständige und richtige Grundlage unseres Verhaltens wäre. Dabei vergessen wir, dass diese innere Landkarte nicht funktional (also: ‚falsch') sein könnte. Wir lassen uns möglicherweise von den einschränkenden Landkarten limitieren (und glauben, wir wären limitiert) oder greifen die Aussagen anderer Personen als falsch an, obwohl eigentlich nur unsere Karte von der ihren unterschieden ist. Dass dies jedoch objektiv gar nicht feststellbar ist, da wir beide nur mit Karten operieren, ignorieren wir dabei geflissentlich.

8.1.1 Neurologische, sozial-genetische und individuelle ‚Filter'

Für uns stehen nach Bandler / Grinder (1984) fünf verschiedene Modalitäten bereit, um die Welt zu repräsentieren: Sehen, Hören, Schmecken, Tasten und Riechen. Damit stellen unsere Sinne und deren Leistungsfähigkeit die erste Kategorie von ‚Filtern' dar, welche die mögliche Bandbreite von Erfahrungen aufspannen bzw. einschränkt. Der einschränkende Charakter wird deutlich, wenn man beispielsweise das menschliche Riechvermögen mit dem eines Hundes oder das menschliche Hörvermögen mit dem einer Fledermaus vergleicht. Hund und Fledermaus können ein breiteres Spektrum an in der Realität vorhandenen Reizen wahrnehmen als der Mensch. Wir benötigen hingegen technische Hilfsmittel, um unser Wahrnehmungsspektrum zu erweitern.

Das Argument, dass wir nicht auf der Grundlage der Realität, sondern ihrer Repräsentation agieren, wird also zunächst durch neurologische Faktoren erklärt. Durch den Vergleich mit der Leistungsfähigkeit von Tieren bzw. technischen Mitteln erkennen wir, dass wir nur innerhalb eines bestimmten Spektrums wahrnehmen können. Dieses – im Vergleich zum tierisch und technisch möglichen Spektrum – eingeschränkte Spektrum verweist bereits darauf, dass unsere Repräsentation der Welt notwendigerweise unvollständig ist.

Die zweite Art, wie sich Welt und Erfahrung voneinander unterscheiden, sehen Bandler / Grinder (1984, S. 30) in „sozial-genetische[n] Faktoren" wie:
• Sprache,
• allgemein anerkannte Arten der Wahrnehmung und
• sozial vereinbarte Fiktionen

Es ist unmittelbar einsichtig, dass Sprache und unsere Repräsentation der Welt sich unterscheiden. So können wir beispielsweise deutlich mehr Farbtöne unterscheiden, als wir unterschiedliche Kategorien (Worte für Farbe) besitzen. Die Differenzierungsfähigkeit der Sprache für bestimmte Erlebnisklassen ist weiterhin von Kultur zu Kultur unterschiedlich. Dies gilt auch für soziale Fiktionen wie Geld, Eigentum, Heirat usw. Hier wirkt Sprache sogar konstitutiv, d.h. sprachliche und gesellschaftliche Institutionen etablieren erst die soziale Wirklichkeit (Berger / Luckmann 1980; Searle, 1996).

Die letzte Art, wie sich Erfahrungen von der Welt unterscheiden, sind „individuelle Einschränkungen" bzw. Repräsentationen, die auf unserer persönlichen Biographie beruhen. Diese Unterschiede in den ‚Landkarten' der Realität machen die individuellen Unterschiede zwischen Menschen aus.

8.1.2 Modelle und Veränderung

Wenn alles menschliche Erleben und Verhalten über das jeweilige Modell der Welt vermittelt ist, so zeigt sich hier ein zentraler Ansatzpunkt für Veränderung und Entwicklung, Problemlösen und Therapie. Dabei ist nicht jedes Modell, das eine Person in Bezug auf einen Bereich (Arbeit, Liebe, das eigene Selbst usw.) entwickelt, gleich funktional. Modelle unterscheiden sich darin, welche Handlungen und Wahrnehmungen sie ermöglichen oder verhindern, wie groß das Repertoire an Handlungs- und Wahrnehmungsalternativen ist und wie flexibel es geändert werden kann. Dieses Verständnis wird im NLP zu folgenden Prämissen verdichtet:
* Menschen leiden nicht an der Welt, sondern an ihrem Modell der Welt.[1]
* Menschen treffen innerhalb ihres Modells der Welt die beste Wahl aus ihrem Repertoire an Möglichkeiten. Damit macht ‚seltsames' Verhalten innerhalb des spezifischen individuellen Kontexts Sinn.

1　Damit soll nicht negiert werden, dass es Verhältnisse in der Welt gibt, die Leiden verursachen (Armut, Hunger, Gewalt usw.). Aus dem therapeutischen Kontext heraus sind es primär ‚Modellprobleme', die dort bearbeitet werden können. Aber auch bei ‚Welt-Problemen' (z.B. Gewalt) kommt der Bewältigung und dem Umgang mit dem jeweiligen Thema eine große Bedeutung zu, was wiederum Modell-Probleme sind (Was bedeutet das Thema für mich? Welche Handlungsmöglichkeiten habe ich? Wie hole ich mir Unterstützung? usw.).

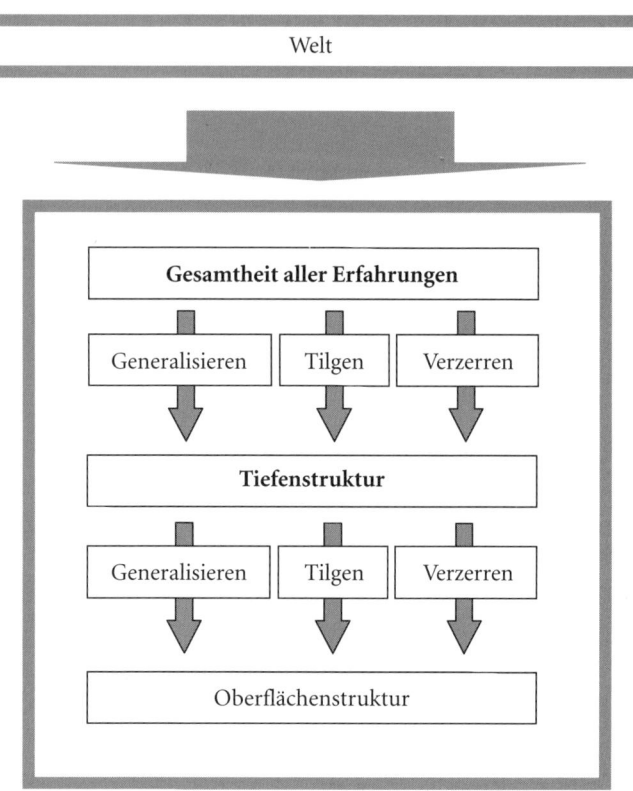

Abbildung 4: Schematische Darstellung des Verhältnisses von Welt, Erfahrung,
Tiefen- und Oberflächenstruktur (eigene Darstellung, entnommen aus Plate 2008, S. 47)

- Drei Prozesse unterscheiden Modelle von Welt: Generalisieren, Tilgen,
  Verzerren.[2]
- Wenn das Modell mit der Welt verwechselt wird (The map *is* the territory;
  Der Finger, der auf den Mond zeigt, *ist* der Mond usw.), blockieren wir
  die menschliche Veränderungsfähigkeit.

---

2 Diese Unterteilung erhebt keinerlei Anspruch auf ‚Richtigkeit', Bandler / Grinder
   (1984) finden diese Unterteilung nur *nützlich*. Auch andere Unterteilungen sind
   möglich.

Das Meta-Modell wird als Modell zur Veränderung eines Modells der Welt verstanden und fokussiert zunächst nur die *sprachliche* Modalität der Repräsentation von Erfahrung. Dabei können die Gesamtheit aller Erfahrungen, Tiefenstruktur und Oberflächenstruktur,[3] unterschieden werden. Die Oberflächenstruktur ist das Gesagte (oder Geschriebene) und die Tiefenstruktur die vollständige sprachliche Repräsentation der Oberflächenstruktur.

Die Idee ist, dass die Tiefenstruktur generalisiert, verzerrt und getilgt wird, um zur Oberflächenstruktur zu werden, und dass der erste Schritt der Anwendung des Meta-Modells in der Wiedergewinnung der Tiefenstruktur besteht, in dem die in der Oberflächenstruktur identifizierten Generalisierungen, Tilgungen und Verzerrungen erfragt bzw. hinterfragt werden. Auf diese Weise sollen eine funktionalere Karte der Wirklichkeit erstellt und so entsprechende Probleme gelöst werden.

8.2 Die Frageformen des Meta-Modells

Das Meta-Modell stellt in zweierlei Weise ein Modell über ein Modell dar. Zum einen finden sich in dem Modell die sprachlichen Intuitionen von Virginia Satir und Fritz Perls wieder, die von Bandler und Grinder modelliert worden sind. Es ist also ein Meta-Modell über die Modelle von Satir und Perls. Zum anderen ist es ein Modell über die sprachliche Repräsentation des Modells des Klienten – oder allgemeiner: des Gegenübers.

Das Meta-Modell beinhaltet 12 Kategorien und Frageformen, die teilweise unterschiedlich klassifiziert werden (vgl. Plate 2008, S. 48, für eine Übersicht). Im Folgenden werden die 12 Kategorien nach Plate (2008) dargestellt:

---

3   Die Begriffe Oberflächenstruktur (OS) und Tiefenstruktur (TS) sind Elemente der Transformationsgrammatik (TG), einer linguistischen Theorie, die von Noam Chomsky (*1928) entwickelt wurde. Obwohl Bandler und Grinder dies in der ersten Publikation noch aufgreifen, ist die Transformationsgrammatik weder eine Verstehens- oder Anwendungsvoraussetzung für das Meta-Modell, noch werden in diesem Buch die Begriffe OS und TS im Sinne der TG verwendet, sondern sie sind an den spezifischen Anwendungskontexts des Meta-Modells angepasst.

Tabelle 21: Unterscheidungen im sprachlichen Meta-Modell (Darstellung nach Plate, 2008, S. 49)

Oberkategorie	Kategorie
I. Tilgungen	1. Einfache Tilgungen (Adjektive, Verben, Adverbien)
	2. Komparativ und Superlativ
	3. Unvollständig spezifizierte Verben
	4. Generalisierter Bezugsindex (Substantive)
II. Generalisierungen	5. Universalquantoren
	6. Modaloperatoren (der Möglichkeit/ Notwendigkeit)
	7. Verlorener Performativ
III. Verzerrungen	8. Nominalisierungen
	9. Gedankenlesen
	10. Ursache-Wirkung
	11. Komplexe Äquivalenzen
IV. Präsuppositionen	12. Präsuppositionen

8.2.1 Allgemeine Fragestrategie

Das Meta-Modell bietet allgemeine Fragen an, die ‚immer' auf die jeweilige Kategorie des Meta-Modells passen und dementsprechend in jedem Kontext gestellt werden können. Das Meta-Modell agiert also auf einer reinen Strukturebene und ist dementsprechend inhaltsfrei. Hinterfragt man beispielsweise den Universalquantor ‚immer', so ist es gleichgültig, ob dieser im therapeutischen, beruflichen, privaten Kontext oder in einem Lehrbuch auftaucht – die Strategie, den Universalquantor zu hinterfragen, ist immer dieselbe (s.u.).

Hier deutet sich das auf grammatischen Regeln und allgemeinen Kategorien basierende Ausgangsverständnis von Bandler und Grinder an, bei denen eine (grammatische) Kategorie identifiziert und die konkrete Realisierung dieser Kategorie in der Sprache mit einer ‚immer‘ passenden allgemeinen Frage hinterfragt wird.

Die Frageformen des Meta-Modells zielen zum einen in Richtung konkreter, spezifischer, detaillierter und kontextualisierter Beschreibungen. Hierbei steht die Gewinnung spezifischer Informationen im Vordergrund. Diese ermöglichen es zum einen, „in die Welt[4] des anderen ein[zu]steigen" (Mohl 2006, S. 174). Aufgrund des sich einstellenden detaillierteren Bildes kann man zu neuen Perspektiven und Handlungsmöglichkeiten gelangen, d.h. man erweitert die Welt des anderen (Mohl 2006, S. 175). Dies ist auch in der Koordination von mehreren Menschen (Teams, Auftragserteilung usw.) wichtig bzw. um spezifische Interventionen auszuwählen (Diagnosen usw.).

Zum anderen geht es darum, „die Welt des anderen [zu] verändern" (Mohl 2006, S. 176), d.h. neue Perspektiven und Handlungsoptionen durch das Aufdecken von vermuteten Kausalbeziehungen und das Hinterfragen von Überzeugungen u.ä. zu gewinnen.

8.2.2 Tilgungen

Bei Tilgungen sind bestimmte Informationen aus der Oberflächenstruktur (dem Gesagten) entfernt worden. Die Grundidee dabei ist, dass die Tiefenstruktur die vollständige sprachliche Repräsentation der Erfahrung / Situation darstellt. Dementsprechend werden die in der Tiefenstruktur *strukturell* angelegten Aspekte erfragt. Es geht bei den Tilgungen also nicht darum, ‚alle möglichen‘ Informationen, die nach der Meinung des Fragenden auch noch fehlen, zu erfragen, sondern nur um die Informationen, die strukturell in der Tiefenstruktur vorhanden sein müssen, in der Äußerung jedoch ausgelassen wurden. Die allgemeine Strategie hierbei ist, die Situationsbeschreibung sowohl anzureichern als auch zu konkretisieren.[5]

---

4   Welt muss hier eigentlich heißen: ‚Modell der Welt‘.
5   Hierbei wird bereits deutlich, dass das Meta-Modell begrenzt ist. Es bietet zwar eine präzise Anleitung zur Fragestellung, jedoch werden längst nicht alle ‚sinnvollen‘ Fragen abgebildet (s. beispielsweise Goldberg, 1998; Grochowiak / Heiligtag 2002 für eine Übersicht zur Kunst des Fragens).

Üblicherweise identifiziert man den getilgten Bereich und erfragt diesen mit dem Zusatz ,genau', z.b. „wer genau …?", „für wen genau …?", „im Vergleich zu was genau …?" usw. Im Folgenden werden die verschiedenen Tilgungsformen näher beschrieben.

- *Einfache Tilgungen (Adjektive, Adverbien, Verben)*
  Adjektive charakterisieren Substantive – der Sprachstruktur entsprechend werden die durch das Adjektiv charakterisierten Eigenschaften voll dem Substantiv zugerechnet. Bei manchen Adjektiven ergeben sich die Eigenschaften allerdings nicht durch das Ding an sich, sondern durch einen Beobachter, der eine Bewertung trifft oder einen Vergleich anstellt.[6] Bei solchen Adjektiven kann diese Beziehung getilgt sein.
  Beispielsweise flucht eine Person: „Müller aus dem Vertrieb ist ein arroganter *beep*". Wenn wir annehmen, dass nicht Müller ,durch und durch' arrogant ist, sondern bestimmten Personen gegenüber ein Verhalten gezeigt hat, was diese als arrogant bewerten, so können wir diese getilgte Information erfragen: „Wem gegenüber verhält sich Müller arrogant?".
  Dieselbe Struktur finden wir beispielsweise bei der Aussage: „Das ist ein günstiges Angebot". Hier ist unklar, „Für wen genau?" das Angebot günstig ist oder „Was genau?" an dem Angebot günstig ist.[7]
  Bei manchen *adverbialen* Konstruktionen wie „es ist klar", „es ist offensichtlich", „bedauerlicherweise", „erstaunlicherweise", „erfreulicherweise", „schrecklicherweise" usw. sind ebenfalls die Bezugsindices getilgt. Hier kann man erfragen, „für wen?" etwas klar, offensichtlich, bedauerlich usw. ist.[8]

---

6   Im Prinzip kann jedes Adjektiv dem Beobachter zugerechnet werden, denn eine Beobachtung kommt nur mit Beobachter zustande. Wir würden beispielsweise sagen, dass Zucker süß sei (die Eigenschaft ,süß' hat), doch diese Süße entsteht nur in Wechselwirkung mit einer (menschlichen) Zunge. Traditionellerweise rechnen wir die Süße dann dem Zucker zu. Das Meta-Modell berücksichtigt diese Betrachtungsebene jedoch nicht, sondern konzentriert sich auf klar wertende Adjektive.

7   Stellt man eher auf den Vergleichsmaßstab ab, kann man fragen: „Im Vergleich zu was ist das ein günstiges Angebot?"; vgl. Komparativ- und Superlativ-Tilgung.

8   Üblicherweise verbergen sich hier Erwartungsstrukturen, die entweder erfüllt oder nicht erfüllt werden. Die Erwartungsstrukturen können mit einem „Wie kommt es, dass … dich das überrascht, erfreut, schrecklich ist usw.?" weiter exploriert werden. Diese Frage ist allerdings keine des Meta-Modells nach Bandler / Grinder (1984).

Verben verbinden manchmal zwei Argumente miteinander. Nicht immer sind bei diesen Verben alle Argumente in der Oberflächenstruktur vorhanden. Beispielsweise erfordert das Verb ,fürchten', dass sich jemand (Argument 1) vor etwas (Argument 2) fürchtet (Verb). In dem Satz „Ich fürchte mich" ist dieser Aspekt getilgt und kann z.b. durch: „Wovor genau (fürchtest du dich)?" erfragt werden.

- *Komparativ und Superlativ*
  Bei Komparativen und Superlativen wird häufig die Bezugsgröße getilgt, die als Vergleich dient. Bei Komparativen (d.h. der Steigerung im Vergleich zur Grundstufe) werden mindestens zwei Elemente hinsichtlich einer Dimension verglichen. Eines der Elemente weist hinsichtlich des Kriteriums eine höhere Ausprägung aus. Beispielsweise fährt Nick Heidfeld *schneller* als Jenson Button. Beim Superlativ (d.h. der Höchststufe im Vergleich zur Grundstufe und zur Steigerung) wird festgestellt, dass eines der Vergleichselemente die höchste Ausprägung bezüglich der Vergleichsdimension aufweist. Beispielsweise fährt Nick Heidfeld *am schnellsten*.
  Wenn die Bezugsgröße nicht klar ist, werden die entsprechenden Eigenschaften dem Vergleichsgegenstand selbst zugeschrieben, obwohl sie eigentlich nur im Vergleich mit anderen Vergleichsgegenständen Gültigkeit haben. Typischerweise erfragt man den getilgten Vergleichsgegenstand mit „… im Vergleich wozu?" Neben den Vergleichsgegenständen kann auch das Kriterium, das der Steigerung zugrunde liegt, erfragt werden, d.h. „in Bezug auf was?"
  Beispiel Komparativ: „Dieser Drucker hat ein deutlich besseres Druckbild" → „Besser im Vergleich zu was?"
  Beispiel Superlativ: „Dies ist der schnellste Drucker" → „Der schnellste im Vergleich zu was?" [– „Zu den anderen" – „Zu welchen anderen genau?" – „Die wir hier im Angebot haben"/ „Von diesem Hersteller" / „Die überhaupt auf dem Markt in Deutschland angeboten werden"].

- *Unvollständig spezifizierte Verben*
  Manche Verben sind relativ abstrakt und identifizieren keine spezifische Handlung bzw. keinen spezifischen Prozess. Die Mehrdeutigkeit der unvollständig spezifizierten Verben kann zu Missverständnissen bzw. unangemessenen Repräsentationen führen. Unvollständig spezifizierte Verben kann man so lange erfragen, bis der Prozess oder das Verhalten konkret beschrieben ist. Dies kann man im Allgemeinen mit einer Form von „Wie genau….?" erfragen.

Beispiel: „Ich muss noch das Dokument bearbeiten" → „Wie genau (musst du noch das Dokument bearbeiten)?"

• *Generalisierter Bezugsindex*
Manche Substantive haben einen relativ breiten bzw. unkonkreten Bezugsindex, d.h. sie sortieren keine konkreten Entitäten aus der Welt der Erfahrungen aus. Die Mehrdeutigkeit solch generalisierter Bezugsindices kann zu Missverständnissen führen oder zu übertriebenen Repräsentationen, da man beispielsweise von einer ganzen Klasse von Erfahrungen spricht (im unteren Beispiel ‚die Buchhaltung'), aber eigentlich nur eine bestimmte Person gemeint ist.
Beispiel: „Die Buchhaltung stellt sich mal wieder quer" → „Wer genau (aus der Buchhaltung) stellt sich mal wieder quer?"

8.2.3 Generalisierungen

Bei Generalisierungen wird von Detailinformationen und konkreten Spezifizierungen abstrahiert, um eine allgemeine Repräsentation von Dingen oder Regeln zu erreichen. Damit beinhaltet jede Generalisierung notwendigerweise auch Tilgungen.

Die Fragestrategien zielen zum einen darauf ab, die generalisierte Aussage wieder zu rekontextualisieren und zu konkretisieren. Zum anderen werden die impliziten Regeln oder Zwangsläufigkeiten hinterfragt.

• *Universalquantoren*
Universalquantoren benennen unspezifische absolute Mengen wie „alle, jeder, sämtliche, irgendeiner" (positiv); sowie „niemals, nirgends, kein, niemand, nichts, keiner" (negativ). Universalquantoren können u.a. mit der Erfragung des Bezugsindex („Wer genau?"), mit dem Erfragen einer Ausnahme („Wirklich keiner?"), der Referenz auf das Jetzt („Jetzt auch (nicht)?"), auf den Sprecher („Du auch (nicht)?") oder Übertreibung (z.B. „WIRKLICH NIEMAND ÜBERHAUPT JEMALS?") erfragt werden (vgl. Plate 2008, S. 112–116, für eine vollständige Übersicht).

• *Modaloperatoren der Notwendigkeit*
Modaloperatoren der Notwendigkeit sind beispielsweise „müssen, notwendig sein, sollen" und deren Negationen. Die Grundform der Aussage hier ist:

„Es ist notwendig, dass X eintritt (, sonst geschieht Y [unerwünscht])!", wobei die Konsequenz üblicherweise getilgt ist. Man erfragt sie mit: „Was würde sonst passieren?" oder „Was würde passieren, wenn du [X] unterlassen würdest?" Diese (unerwünschte) Konsequenz kann dann weiter untersucht werden (d.h. wie ‚schlimm' sie wirklich ist, Möglichkeiten, damit umzugehen usw.).

Eine zweite Stoßrichtung bezieht sich darauf, dass etwas Erwünschtes erreicht werden soll. Dies ist im Original Meta-Modell zwar nicht angelegt (vgl. Plate 2008, S. 119), stellt aber eine notwendige Ergänzung dar: „Es ist notwendig, dass X eintritt (um Y [erwünscht] zu erreichen)!"

Hier können die weiteren Konsequenzen und Funktionen erfragt werden: „Um was zu erreichen?" oder „Wozu ist das notwendig?"

Beziehen sich die obigen Frageformen auf die getilgten Konsequenzen, können die vorhergehenden Bedingungen in einem zweiten Schritt ebenso untersucht werden. Hierbei geht zum einen darum, die verursachende Quelle der Notwendigkeit (Gesetze, Gewohnheiten, persönliche Wünsche, Rezepte, naturwissenschaftliche Gesetzmäßigkeiten usw.) zu identifizieren. Zum anderen kann die Stärke der Kausalverbindung hinterfragt werden – beispielsweise, ob der behauptete Zusammenhang zwangsläufig, nur zu einer gewissen Wahrscheinlichkeit, kaum oder nur unter bestimmten Bedingungen eintritt. Schlussendlich kann der Performativ untersucht werden, d.h. wer eigentlich diese Behauptung aufstellt (s.u.).

• *Modaloperatoren der Möglichkeit*
Zu den Modaloperatoren der Möglichkeit gehören die Worte / Konzepte „möglich, fähig, etwas vermögen, imstande sein, können, dürfen", sowie deren negative Formulierungen „nicht müssen, nicht notwendig, sollte nicht, nicht sollen" bzw. „nicht möglich, unmöglich, nicht fähig, unfähig, nicht vermögen, außerstande sein, nicht dürfen, nicht können" usw. (vgl. Plate 2008, S. 116). Im Meta-Modell werden typischerweise folgende Aussagestrukturen hinterfragt:
„(Y bewirkt, dass) X unmöglich ist."
Die verhindernde Unmöglichkeit kann beispielsweise mit „Was hindert dich, zu Xen?", „Was macht X unmöglich?" usw. hinterfragt werden.

• *Verlorener Performativ*
Der Performativ greift im Prinzip eine alte konstruktivistische Prämisse auf, nämlich: „Alles, was gesagt wird, wird von jemandem gesagt" (vgl. Maturana / Varela 1987, S. 26). Mit dieser Aussage wird jede Beobachtung,

Interpretation und Wertung auf den Beobachter zurückgeworfen. Beim verlorenen Performativ ist allerdings die Information getilgt, wer oder was genau der Autor einer Äußerung ist. Die Äußerung wird so von einer kontextualisierten zu einer allgemeingültigen Aussage generalisiert. Mohl (2006, S. 185) formuliert dies so: „Menschen verallgemeinern nicht nur ihre Erfahrungen, sie beurteilen sie auch und verallgemeinern diese Urteile nicht nur für den persönlichen Lebensbereich, sondern darüber hinaus auch für alle anderen."

Bandler / Grinder (1984) sehen den verlorenen Performativ vor allem bei wertenden Hinweiswörtern (gut, schlecht usw.) getilgt. Beispielsweise fehlt bei der Aussage „Klaus ist ein schlechter Mensch!" die Referenz darauf, wer genau hier als Beurteiler auftritt.

Die Quelle dieser Bewertung kann mit den Fragen „Wer sagt das?" oder „Woher kommt diese Regel?" erfragt werden. Treten dann die jeweiligen Autoren oder Quellen zutage, können deren Erfahrungen, Werte, Motive und Überzeugungen erkundet werden, beispielsweise mit: „Nach welchem Maßstab bewertest du das?" Im Anschluss kann die Funktionalität des Maßstabs und die Angemessenheit seiner Anwendung erkundet werden. Hier kann beispielsweise die Universalität des Urteils hinterfragt und die Aussage somit kontextualisiert werden (z.B. „Ist es *immer* falsch, …?").

8.2.4 Verzerrungen

Bei Verzerrungen wird die Repräsentation der Welt ‚verdreht'. Die Repräsentationen entsprechen nicht mehr einem ‚rationalem' Weltbild, da beispielsweise Prozesse in Dinge verwandelt werden, Menschen behaupten, Gedanken lesen zu können oder andere Menschen Macht über die eigenen Gefühle erlangen. Im Folgenden werden diese ‚Denkfehler' näher beschrieben.

- *Nominalisierung*
  Nominalisierungen sind im Prinzip Substantive ohne Substanz. Um festzustellen, ob ein Substantiv Substanz aufweist, bietet sich der ‚Schubkarren-Test' an. Nominalisierungen sind alle Substantive, die man nicht in eine Schubkarre – auch eine erd- oder sonnengroße – legen kann.
  Bei einer Nominalisierung wird ein dynamischer Prozess, der nur unter bestimmten Bedingungen abläuft, in ein abgeschlossenes und vom Beobachter (und Prozess) unabhängiges Ding verwandelt.

Beim Erfragen hört man auf den zugrunde gelegten Prozess (das Verb) und erfragt die getilgten Informationen.

Beispiel: „Müller ist ein Versager" → „Bei was genau hat Müller versagt?" (Versagen als unvollständig spezifiziertes Verb weiter hinterfragen → „Wie genau hat Müller versagt"?).

Exkurs – Reifikation

Die Nominalisierung verweist auf den Prozess der Reifikation, d.h. den Prozess der Verdinglichung (von lateinisch *res*, das Ding, die Sache). Berger / Luckmann (1980, S. 94f.; Hervorhebung im Original) führen dazu aus: „Verdinglichung bedeutet, menschliche Phänomene aufzufassen, als ob sie Dinge wären,[9] das heißt als außer- oder gar übermenschlich. Man kann das auch so umschreiben: Verdinglichung ist die Auffassung von menschlichen Produkten, als wären sie etwas anderes als menschliche Produkte: Naturgegebenheiten, Folgen kosmischer Gesetze oder Offenbarungen eines göttlichen Willens."

Der letzte Satz verweist bereits auf das Problem der Reifikation: Die Verantwortung und die Motive des Menschen werden aus der Beschreibung heraus gekürzt. In dieser Hinsicht werden Nominalisierungen als rhetorische Mittel verwendet, die verschleiern, dass eine Entscheidung den Interessenlagen von bestimmten Personen oder Interessengruppen dient. Diese streichen ihre Urheberschaft und Verantwortung an den Entscheidungen heraus, in dem sie auf Zwangsläufigkeiten außerhalb ihres Einflussbereichs verweisen.

Während die obigen Beispiele sich auf politische bzw. gesellschaftliche und persönliche Aspekte beziehen, führt Kaplan (1964, S. 61) für die Wissenschaft aus: „Reification is more than a metaphysical sin, it is a logical one. It is the mistake of treating a notational device as though it were a substantive term, what I have called a construct as though it were observational, a theoretical term as though it were a construct or indirect observable."

Es lohnt sich also, sich im persönlichen, gesellschaftlichen und wissenschaftlichen Kontext dieses Prozesses bewusst zu werden und bei Bedarf entsprechende Konstruktionen zu hinterfragen.

- *Gedankenlesen*

  Das Gedankenlesen verweist darauf, dass wir manchmal behaupten zu wissen, was eine andere Person über uns denkt und fühlt, ohne dass klar

---

9   Ein ‚als-ob'-Rahmen, vgl. Kap. 9.3.

ist, wie wir zu diesem Wissen gekommen sind („Müller mag mich nicht",
„Schulze hat da doch überhaupt kein Interesse dran" usw.). Beruht dieses
nur auf einer Vermutung, liegt Gedankenlesen vor. Dies wird mit „Woher
weißt du das?" hinterfragt. Antwortet die Person: „Das hat sie mir gesagt"
o.ä., so liegt kein Gedankenlesen vor, da klar ist, wie dieses Wissen entstanden ist. Handelt es sich hingegen nur um Vermutungen und Schlussfolgerungen, kann deren Gehalt überprüft werden. Das Gedankenlesen
kommt auch im Kommunikationszyklus vor (vgl. Kapitel 3.3).

- *Ursache-Wirkung*
  Diese Kategorie bezieht sich auf die Behauptung, dass irgendetwas Äußeres eine emotionale oder einstellungsmäßige Reaktion bei einer anderen
  Person hervorruft („Du nervst!"; „Da könnt ich grad' aus der Haut fahren,
  wenn ich sehe, wie der uns hier wieder hängen lässt"). Die Prämisse ist,
  dass nichts Äußeres zwangsläufig diesen inneren Zustand hervorrufen
  kann (vgl. die Verantwortungsübernahme in der GfK; Kapitel 6.2.3). Hinterfragt wird dies beispielsweise mit „Wie genau bewirkt X, dass du Y
  fühlst?"

- *Komplexe Äquivalenz*
  Bei einer komplexen Äquivalenz wird ein meist äußeres Ereignis mit ei-
  nem Gedankenlesen gleichgesetzt, wobei beide Äußerungen häufig von
  einer Pause getrennt sind und dieselbe syntaktische Struktur aufweisen:
  X_1 Verb$_1$ Y_1… X_2 Verb$_2$ Y_2.
  Beispiel: „Meine Kollegen schätzen mich nicht … Sie hören mir nie zu!".
  Die zugrunde gelegte Äquivalenz bedeutet hier: ‚nicht zuhören' bedeutet
  immer ‚sie schätzen mich nicht'. Diese Gleichsetzung wird mit einer Um-
  kehrung der Äquivalenz hinterfragt:
  „Bedeutet, dass Y, immer, dass X?" → „Bedeutet es, wenn *Sie* ihren Kolle-
  gen nicht zuhören, immer, dass Sie sie nicht schätzen?"
  Komplexe Äquivalenzen kommt auch im Kommunikationszyklus als Teil-
  Äquivalenzen vor (siehe Kapitel 3.3).

8.2.5 Präsuppositionen

- *Präsuppositionen*
  Präsuppositionen sind die Vorannahmen, die gelten müssen, damit etwas
  Gesagtes einen Sinn ergibt. Am besten verlässt man sich auf seine Intui-

tion und sein kritisches Denken, um sie zu identifizieren, und kann sie dann explizieren und hinterfragen.

8.3 Kommentare und Ergänzungen

- *Frag nicht „warum"!*
  Die Frage „Warum" wird im NLP nicht verwendet, da (1) die entsprechende Informationen über andere Fragen entdeckt werden können und (2) „Warum"-Fragen häufig einen defensiven Rahmen hervorrufen, der zur Problemlösung nicht unbedingt beiträgt. Dabei kann man drei Typen von Warum-Fragen unterscheiden:
  - Warum hast du etwas getan, was du besser unterlassen hättest?
  - Warum hast du etwas unterlassen, was du besser getan hättest?
  - Warum ist das so / funktioniert das so? (Bedingungen, Kausalzusammenhänge usw.)

  Bei den ersten beiden Typen schwingt auf der Beziehungsebene eine Abwertung mit. Dies reicht von „Du machst es nicht richtig" über „Du bist inkompetent" zu „Ich weiß, wie es richtig geht und muss / darf dich jetzt maßregeln". Dieser Selbstkundgabe-Aspekt könnte beispielsweise produktiver durch eine GfK-Kommunikation abgedeckt werden. Die Frage nach Ursachen, Zusammenhängen, Bedingungen usw. können mit spezifischen Fragen nach diesen Aspekten erkundet werden (Beispielsweise: „Wie kommt es, dass …?", „Was hat bewirkt, dass …?").

- *Was genau erfragen?*
  Eine Meta-Modell-Verletzung kommt selten allein – und das Meta-Modell gibt keine Anleitung, welche genau und welche zuerst zu erfragen bzw. wann damit aufzuhören ist. Hierbei ist wichtig, einen übergeordneten Plan zu verfolgen, der die Richtung des Fragens vorgibt (Verstehen vor dem Hintergrund eines Ziels). Beispielsweise behaupten Kollegen einen Sachverhalt und notwendige Maßnahmen und diese können so detailliert untersucht werden, bis sie gegenseitig verstanden (Koordination und Spezifität von Maßnahmen) oder Inkonsistenzen in den Beschreibungen und Zusammenhängen aufgedeckt sind, um daraus andere Maßnahmen abzuleiten.

- *Wie genau fragen?*
  Das Meta-Modell bleibt zunächst rein auf der Sachebene. Wer das Meta-Modell immer und roboterhaft anwendet (zum ‚Meta-Modell-Monster‘ wird), geht damit den Leuten nach kurzer Zeit auf den Geist. Hier ist Sensibilität auf der Beziehungsebene gefragt. Halten Sie einen guten Rapport / eine gute Beziehung und stellen Sie die Fragen so, dass ein Mehrwert der Klärung, Spezifizierung usw. entsteht.

- *Ist das nicht Manipulation?*
  Untersuchen Sie den Satz: „Fragen nach dem Meta-Modell zu stellen ist Manipulation" mit den Möglichkeiten des Meta-Modells.

8.4 Übungen

Es fällt am Anfang üblicherweise etwas schwer, im natürlichen Gespräch oder schon in einem einzelnen gesprochenen Satz die Meta-Modell-Kategorien zu identifizieren und die richtige Frage zu formulieren. Mit etwas Übung geht es aber relativ schnell immer leichter. Von daher ist empfehlenswert, sich zunächst ‚auf dem Papier‘ mit den Kategorien und Frageformen zu beschäftigen. In einem zweiten Schritt werden die Kategorien und Frageformen am gesprochenen Satz geübt. Erst dann sollten das Meta-Modell im freien Gespräch geübt werden. Im Folgenden werden für alle Meta-Modell-Kategorien je fünf Übungssätze angeboten, die sowohl als Einzelübung auf dem Papier als auch als Triadenübung durchgeführt werden können. Als Hilfe sind in Klammern die Ansatzpunkte der Frage aufgeführt. Dabei finden sich in den Beispielsätzen häufig auch Möglichkeiten, andere Meta-Modell-Kategorien zu hinterfragen; diese sind jedoch nicht als Beispielfrage angegeben.

Ist es am Anfang oftmals leichter, sich an die reine Form zu halten, kann diese später abgewandelt und dem natürlichen Sprachfluss angepasst werden. Decken Sie die rechte Seite der Tabellen zunächst ab, um die Antwort nicht sofort zu lesen.

Einzel- und Triadenübung – Fragen des Meta-Modells

- *Einfache Tilgungen (Adjektive, Adverbien, Verben)*

Tabelle 22: Übung zu Adjektiven im Meta-Modell

Aussage	Frage
„Patrick ist aggressiv."	„Wem gegenüber … ist Patrick aggressiv?"
„Der Chef mag keine selbstgefälligen Trainer."	„Wem gegenüber … sind die Trainer selbstgefällig?"
„Jana verurteilt selbstgerechte Menschen."	„Worin … sind die Menschen selbstgerecht …?", „Wem gegenüber … sind die Menschen selbstgerecht?"
„Der Film ist hochinnovativ."	„Für wen genau … ist der Film hochinnovativ?"; „In Bezug auf was genau … ist der Film hochinnovativ?"
„Deine Beispiele sind dumm."	„Was genau … ist an den Beispielen dumm?"; „Für wen genau … sind diese Beispiele dumm?"

Tabelle 23: Übung zu Adverbien im Meta-Modell

Aussage	Frage
„Da hat sich Peter offensichtlich noch nicht drum gekümmert."	„Für wen genau ist es offensichtlich, dass … Peter sich darum gekümmert hat?"
„Bedauerlicherweise konnte Klaus nicht bis zum Ende der Sitzung bleiben."	„Wer genau hat bedauert, dass … Klaus nicht bis zum Ende der Sitzung bleiben konnte?"
„Blöderweise konnte Maja das nicht wissen."	„Für wen genau war das blöd, dass … Maja das nicht wissen konnte?"
„Sie hat überraschenderweise doch noch abgenommen."	„Wer genau ist überrascht, dass … sie doch noch abgenommen hat?"
„Erstaunlicherweise haben sie nicht die Option eingelöst."	„Für wen genau ist es erstaunlich, dass … sie nicht die Option eingelöst haben?"

Tabelle 24: Übung zu Verben im Meta-Modell

Aussage	Frage
„Ich freue mich."	„Worüber genau … freust du dich?"
„Mein Vater fürchtet sich."	„Wovor genau … fürchtet sich dein Vater?"
„Meine Mutter wusste nicht, was sie sagen sollte."	„Wem genau…konnte Deine Mutter nichts sagen?"
„Mir fällt es schwer, mich zu entschuldigen."	„Wem gegenüber … fällt es dir schwer, dich zu entschuldigen?"; „Wofür genau … fällt es dir schwer, dich zu entschuldigen?"
„Meine Schwester versprach, dass sie das hinbekommt."	„Wem genau … versprach deine Schwester, dass sie das hinbekommt?"

- *Komparativ und Superlativ*

Tabelle 25: Übung zum Komparativ im Meta-Modell

Aussage	Frage
„Diese Police hat deutlich bessere Konditionen."	„Besser im Vergleich zu was?" Kriterium mit „Besser in Bezug auf was?" erfragen.
„Das ist schon besser, wenn wir das so machen."	„Besser im Vergleich zu was?"
„Klaus hat das schlecht gemacht."	„Schlecht im Vergleich wozu?"
„Maja ist viel netter."	„Netter im Vergleich zu wem?"
„Ben hätte das schöner machen sollen."	„Schöner im Vergleich wozu?"

Tabelle 26: Übung zum Superlativ im Meta-Modell

Aussage	Frage
„Das ist die beste Lösung."	„Die beste Lösung im Vergleich zu was?"

„Immer machst du die einfachsten Aufgaben."	„Die einfachsten Aufgaben im Vergleich zu was?"
„Maja ist die Schnellste."	„Die Schnellste im Vergleich zu wem?"
„Klaus hält sich für den Größten."	„Den Größten im Vergleich zu wem?"
„Das ist das Schlimmste, was uns hätte passieren können."	„Das Schlimmste im Vergleich zu was?"

- *Unvollständig spezifizierte Verben*

Tabelle 27: Übung zu unvollständig spezifizierten Verben im Meta-Modell

Aussage	Frage
„Ich zeig ihr doch, dass ich sie als Kollegin respektiere!"	„Wie genau … zeigst du ihr das?"
„Meine Freunde vergessen mich immer."	„Wie genau … vergessen sie dich immer?"
„Maja zwingt mich, das immer zu übernehmen."	„Wie genau … zwingt Maja dich?"
„Klaus hintergeht mich."	„Wie genau … hintergeht dich Klaus?"
„Ben behindert meine Karriere."	„Wie genau … behindert Ben deine Kariere?"

- *Generalisierter Bezugsindex*

Tabelle 28: Übung zum generalisierten Bezugsindex im Meta-Modell

Aussage	Frage
„Tut mir leid – die Umstände lassen das nicht zu!"	„Welche Umstände genau?"
„Ich finde so ein Verhalten krank."	„Welches Verhalten genau?"
„Maja erfüllt meine Bedürfnisse nicht."	„Welche Bedürfnisse genau?"

„Und achte darauf, die Kriterien zu erfüllen!"	„Welche Kriterien genau?"
„Kannst du die Berichte bis zum Wochenende fertig machen?"	„Welche Berichte genau?"

- *Universalquantoren*

Tabelle 29: Übung zu Universalquantoren im Meta-Modell

Aussage	Frage
„Niemand mag mich."	„Wirklich niemand?" „Und was ist mit mir?" „Hat dich wirklich niemand überhaupt jemals gemocht?"
„Ich schaffe das niemals."	„Wirklich niemals, unter keinen Umständen?"
„Jeder ist sich selbst der Nächste."	„Wirklich jeder?" „Auch du?
„Man kann echt keinem vertrauen!"	„Wirklich keinem?" „Vertraust Du mir jetzt?
„Ja ja, so sind sie alle."	„Wirklich alle?"

- *Modaloperatoren der Notwendigkeit*

Tabelle 30: Übung zu Modaloperatoren der Notwendigkeit im Meta-Modell

Aussage	Frage
„Ich muss echt lernen, mich mehr zusammenzureißen."	„Was würde passieren, wenn … du das nicht lernen würdest?"
„Es ist notwendig, dass ihr morgen alle da seid."	„Was würde passieren, wenn … wir morgen nicht alle da wären?"
„Du solltest dich da nicht in den Konflikt stürzen."	„Was würde passieren, wenn … ich mich in den Konflikt stürzen würde?"
„Wir müssen leider die Boni streichen."	„Was würde passieren, wenn … wir die Boni nicht streichen würden?"

| „Du musst die Tabletten eine halbe Stunde vor dem Essen nehmen." | „Was würde passieren, wenn … ich die Tablette nicht eine halbe Stunde vor dem Essen nehmen würde? Sondern eine halbe Stunde nach dem Essen?" |

- *Modaloperatoren der Möglichkeit*

Tabelle 31: Übung zu Modaloperatoren der Möglichkeit

Aussage	Frage
„Ich sehe mich außerstande hier zu helfen."	„Was hindert dich hier zu helfen?"
„Maja kann leider nicht kommen."	„Was macht es Maja unmöglich zu kommen?"
„Klaus darf das gar nicht entscheiden."	„Was macht es Klaus unmöglich, das zu entscheiden?"
„Leider ist das, was Sie verlangen, unmöglich."	„Was macht das, was ich verlange, unmöglich?"
„Ich kann deine Entschuldigung nicht annehmen."	„Was hindert dich, meine Entschuldigung anzunehmen?"

- *Verlorener Performativ*

Tabelle 32: Übung zum Verlorenen Performativ im Meta-Modell

Aussage	Frage
„Das ist aber eine schlechte Entscheidung!"	„Wer genau sagt das?" „Nach welchen Kriterien bewertest du das?"
„Maja ist rücksichtslos!"	„Wer sagt das?" „Wie (nach welchen Kriterien) bewertest du das?"
„Man darf seinen Chef nicht kritisieren!"	„Wer sagt das?" „Nach welchen Kriterien bewertest du das?" „Ist es immer falsch, seinen Chef zu kritisieren?"

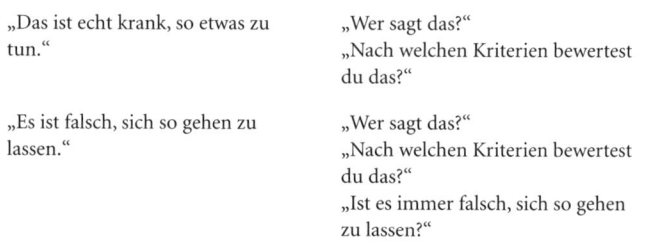

„Das ist echt krank, so etwas zu tun."	„Wer sagt das?" „Nach welchen Kriterien bewertest du das?"
„Es ist falsch, sich so gehen zu lassen."	„Wer sagt das?" „Nach welchen Kriterien bewertest du das?" „Ist es immer falsch, sich so gehen zu lassen?"

• *Nominalisierung*

Tabelle 33: Übung zu Nominalisierungen im Meta-Modell

Aussage	Frage
„Klaus ist ein Versager."	„Bei was genau hat Klaus versagt?"
„Meine Wut hat mich einfach überwältigt."	„Du bist wütend in Bezug auf was?" „Was hat dich wütend gemacht?"
„Plötzlich war die Angst da und hat mich gelähmt."	„Vor was genau hast du dich geängstigt?"
„Die Entscheidung ist gefallen."	„Wer hat was genau entschieden?"
„Unsere Beziehung ist nicht mehr dieselbe."	„Was daran, wie ihr miteinander umgeht (euch aufeinander bezieht), ist nicht mehr dasselbe?"

• *Gedankenlesen*

Tabelle 34: Übung zum Gedankenlesen im Meta-Modell

Aussage	Frage
„Der Paul mag mich nicht."	„Woher weißt du, dass … Paul dich nicht mag?"
„Maja ist auf mich wütend."	„Woher weißt du, dass … Maja auf dich wütend ist?"
„Mir ist schon klar, dass ihm das nicht geschmeckt hat."	„Woher weißt du, dass … ihm das nicht geschmeckt hat?"

„Das macht Ben nur, um mich zu ärgern."	„Woher weißt du, dass … Ben das nur macht, um dich zu ärgern?"
„Die stehen dem Antrag ablehnend gegenüber."	„Woher weißt du, dass … die dem Antrag ablehnend gegenüber stehen?"

- *Ursache-Wirkung*

Tabelle 35: Übung zu Ursache-Wirkung im Meta-Modell

Aussage	Frage
„Klaus nervt mich."	„Was genau macht Klaus, dass du dich genervt fühlst?"
„Majas Referat langweilt mich."	„Wie schafft Maja es, dich mit ihrem Referat zu langweilen?"
„Ich fühle mich nicht wohl, wenn sie dabei ist."	„Wie genau bewirkt ihr ‚Dabei-sein', dass du dich nicht wohl fühlst?"
„Ben ignoriert mich und das ärgert mich!"	„Wie genau bewirkt sein Ignorieren, dass du dich ärgerst?"
„Seine ewigen Ausreden gehen mir gehörig auf den Senkel."	„Wie schafft er es, dir mit seinen Ausreden auf den Senkel zu gehen?"

- *Komplexe Äquivalenzen*

Tabelle 36: Übung zu Komplexen Äquivalenzen im Meta-Modell

Aussage	Frage
„Er kümmert sich gar nicht um mich, kommt immer zu spät."	„Wenn du zu spät kommst – bedeutet das immer, dass du dich nicht auch um die Person kümmerst?"
„Meine Kommilitonen haben kein Interesse an mir, fragen mich gar nicht nach meiner Meinung."	„Wenn du jemanden nicht nach der Meinung fragst – bedeutet das immer, dass du an ihm kein Interesse hast?"
„Der Chef nimmt gar keine Rücksicht auf mich, fragt gar nicht, ob ich das auch machen will."	„Wenn Sie jemanden nicht fragen, ob er oder sie das machen will … bedeutet das immer, dass Sie keine Rücksicht nehmen?"

„Ben respektiert mich nicht. Er vergisst immer meinen Geburtstag."	„Wenn du den Geburtstag vergisst – bedeutet das immer, dass du die Person nicht respektierst?"
„Meinen Kindern bin ich doch egal. Die rufen mich nie an."	„Wenn du jemanden nicht anrufst – bedeutet das immer, dass dir die Person egal ist?"

• *Präsuppositionen*

Tabelle 37: Übung zu Präsuppositionen im Meta-Modell.

Aussage	Frage
„Warum kannst du nicht mal tun, was ich sage?"	„Heißt das, dass du glaubst, ich würde nie tun, was du sagst?"
„Ich glaube, Maja wird genauso nachlässig wie ihre Mutter."	„Sie glauben, dass die Mutter von Maja nachlässig ist?"
„Ich befürchte, das wird wieder so ein Debakel wie das letzte Projekt."	„Du bist also der Überzeugung, das letzte Projekt war ein Debakel?"
„Was ist dein Problem?"	„Sie glauben also, ich hätte ein Problem?"
„Oh-oh, hier kommt Mr. Wichtig."	„Wie kommst du darauf, dass ‚Mr. Wichtig' kommt?" „Du glaubst also, dass das ‚Mr. Wichtig' ist – wie kommt's?"

8.5 Literatur

Bandler, R. / Grinder, J. (1984): Metasprache und Psychotherapie (12. Auflage 2010). Paderborn: Junfermann

Hall, L. M. (2001): Communication Magic. Bancycelin: Crown House Publishing

Plate, M. (2008): Die Veränderung von Überzeugungen im Gespräch. Saarbrücken: VDM Verlag Dr. Müller

9. Reframing: Richard Bandler und Robert Dilts

Das Reframing als grundlegende Technik wird bereits von Satir und Watzlawick verwendet. Richard Bandler, der gemeinsam mit John Grinder die Techniken von Virginia Satir modellierte, erweist sich als gewiefter ,Reframer'. Robert Dilts (*1955) wiederum, ein NLP-Schüler der ersten Stunde, modelliert die Bandler'schen Reframings. Das Resultat ist das sogenannte ,Sleight-of-Mouth'-Modell, das 14 verschiedene Reframingtechniken integriert.

Dilts bleibt dem NLP seit den ,Meta-Model'-Gruppen an der University of California beständig verbunden und entwickelt das NLP kontinuierlich weiter. Dilts ist Autor von über 20 Büchern und zahlreichen Artikeln über NLP und lehrt NLP weltweit. Neben zahlreichen neuen NLP Modellen ist die NLP Enzyklopädie (http://nlpuniversitypress.com/) einer der wichtigen Beiträge von Dilts.

Quellen: Dilts 2008, McClendon 2003

9.1 Ausgangslage und Herausforderung

Das Prinzip des Framing und Reframing (Rahmung und Neurahmung) weist die bereits von Watzlawick et al. (1969) angesprochene Meta-Relation auf, nämlich, dass etwas (z.B. die analoge Modalität) über etwas anderes (z.B. die digitale Modalität) informiert und damit die Bedeutung des anderen mit bestimmt. Dieses zweite – äußere – Element wird auch Rahmen genannt, beschränkt sich aber nicht bloß auf analoge Signale. Allgemein lässt sich festhalten: Bedeutung entsteht dadurch, dass etwas in einem Rahmen ,gelesen' wird. Wechselt man den Rahmen, wechselt auch die Bedeutung.

Gleichzeitig steckt bereits im Wort ,Bedeutung' ein Hinweis auf diesen Bedeutungsgebungsprozess – etwas wird ,be-deutet', d.h. mit einer Bedeutung versehen. Wird etwas – z.B. ein Verhalten oder eine Situation – anders ,be-deutet', so ändert sich auch der Umgang damit.

Watzlawick, Weakland und Fisch (1974) erweitern die Idee der oben angesprochenen Meta-Relation allgemein auf den Bereich der Problemkonstruktion und Problemlösung. Ein Problem entsteht dann, wenn etwas – z.b. ein Verhalten – als Problem verstanden und somit als Problem gerahmt wird. Watzlawick et al. (1974) greifen dazu auf die (mathematische) Gruppentheorie und logische Typenlehre zurück. Dort werden die ‚Klasse‘ und die jeweils in einer Klasse enthaltenen ‚Elemente‘ unterschieden. Beispielsweise könnte man die Klasse ‚störendes Verhalten‘ identifizieren, in der verschiedene Elemente (d.h. unterschiedliche problematische Verhaltensweisen) versammelt sind. Möchte man das Problem lösen, so reicht es nicht, bloß zu einem anderen Element innerhalb derselben Klasse von Verhaltensweisen zu wechseln. Stattdessen muss die *Klasse* gewechselt werden, um eine Problemlösung zu erlangen.

Den Wechsel innerhalb einer Klasse nennen Watzlawick et al. (1974, S. 29; Hervorhebung im Original) „Wandel *erster Ordnung*", während ein Wechsel der Klasse und damit des Bezugssystems selbst ein „Wandel *zweiter Ordnung*" ist (Watzlawick et al. 1974, S. 30; Hervorhebung im Original). In der Analogie des Autofahrens wäre eine Veränderung der Geschwindigkeit des Autos aufgrund des Durchdrückens des Gaspedals eine Veränderung erster Ordnung und ein Schalten des Gangs eine Veränderung zweiter Ordnung.

Das Ziel des Reframings besteht nun darin, etwas (ein Verhalten, eine Beschreibung, eine Situation) in einen anderen Rahmen zu stellen bzw. anders zu bezeichnen, um so den Problemrahmen zu verlassen und eine Repräsentation zu erzeugen, die positivere emotionale, motivationale und verhaltensmäßige Konsequenzen nahe legt.

9.2 Grundlegende Reframings

Die Technik des Reframings / Umdeutens besteht darin, „den begrifflichen und gefühlsmäßigen Rahmen, in dem eine Sachlage erlebt und beurteilt wird, durch einen anderen zu ersetzen, der den ‚Tatsachen‘ der Situation ebenso gut oder sogar besser gerecht wird und damit ihre Gesamtdeutung ändert." (Watzlawick et al. 1974, S. 118). Plate (2008, S. 23) definiert Rahmen wie folgt:

> „Ein **Rahmen** ist ein gewisser Fokus der Aufmerksamkeit, ein Ausgangspunkt/Ausblickpunkt, von dem man auf anderes schaut, eine Ausrichtung, ein Bewertungsmaßstab, ein kognitiver Kontext usw. Durch die Wahl eines Rahmens wird beim Gerahmten etwas Bestimmtes in den Vordergrund der Betrachtung gerückt, während anderes

im Hintergrund verschwindet. Weitere metaphorische Umschreibungen für diesen Prozess sind bspw.: „einen Standpunkt einnehmen", „etwas von einer bestimmten Warte aus sehen", „etwas im Kontext (der Beziehung, des Lebens, usw.) betrachten", „etwas im Zusammenhang sehen", „etwas vor einem bestimmten Hintergrund betrachten", usw."

Hierbei können zwei unterschiedliche Aspekte des Reframings betrachtet werden, nämlich die Änderung einer Gleichsetzung, und die Änderung des Rahmens, in dem diese Gleichsetzung erfolgt. Die Gleichsetzung betont, dass ein Verhalten (oder eine innere Regung usw.) mit einem anderen Konzept gleichgesetzt wird. So wird beispielsweise das Verhalten, 15 Minuten nach der angesetzten Besprechung in den Besprechungsraum zu gelangen, mit Unzuverlässigkeit gleichgesetzt (oder ‚gelabelt‘). Dieses ‚Ankleben‘ eines wertenden oder einordnenden Etiketts bzw. das ‚Umetikettieren‘ ist ein Element des Reframings. Es ist eng verbunden mit dem Wechsel des Rahmens (denn man könnte auch sagen, dass das Verhalten einer anderen Bezugsklasse zugeordnet wird), doch steht beim Reframing im Sinne von Wechseln des Rahmens bzw. der Perspektive eher dieser Rahmenwechsel als das Umetikettieren im Vordergrund.

Dies wird deutlich durch die Reframing-Techniken ‚Bedeutungsreframing‘ und ‚Kontextreframing‘, die Plate (2008) beide dem Inhaltsreframing zuordnet, da der Inhalt des Gesagten für das Reframing bekannt sein muss.[1]

Beim Bedeutungsreframing wird das Verhalten mit einem neuen Etikett versehen, das eine andere, positivere Implikation aufweist und somit eine neue emotionale oder motivationale Einstellung oder andere Handlungsansätze ermöglicht. Das ‚Einwortreframing‘ ist ein typisches Beispiel hierfür, bei dem sich die Worte innerhalb eines ähnlichen Bedeutungsfelds bewegen, die Implikation jedoch graduell geändert wird. So weisen beispielsweise die Worte *standhaft – stur – Dickschädel – Ignorant* einen ähnlichen Bedeutungskern auf, haben aber andere Implikationen. Das ‚Entgleisen‘ einer Tugend zu einer entwertenden Übertreibung folgt typischerweise diesem Muster (vgl. das WEQ in Kapitel 5.3).

Beim Kontextreframing wird nach einem Kontext gesucht, in dem das Verhalten (oder dessen positive Implikation) eine Leistung darstellt oder eine positive Funktion hat. Hierbei wird auf die Prämisse abgestellt, dass im Prinzip jedes Verhalten innerhalb irgendeines Kontexts Sinn machen kann

---

1   Das sogenannte Six-Step-Reframing und die Teile-Arbeit sind beispielsweise Reframing-Techniken, bei denen der Inhalt nicht bekannt sein muss (vgl. Bandler / Grinder 1981, 1985).

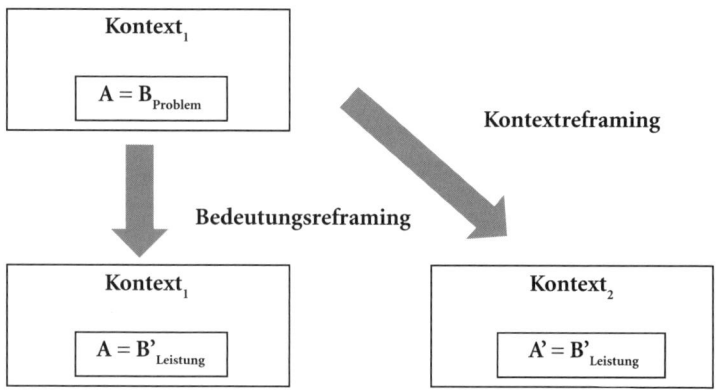

Abbildung 5: Bedeutungs- und Kontextreframing (Abbildung verändert nach Plate 2008, S. 94)

oder eine Leistung darstellt. Abbildung 5 verdeutlicht den Unterschied von Bedeutungs- und Kontextreframing.

Beispiel: Im Kontext von ,zu Hause leben', ,Hausarbeit und Schularbeiten' usw. wird das Verhalten eines Kinds als ,aufsässig' gelabelt (Verhalten = aufsässig). Ein Bedeutungsreframing würde dem Verhalten ein neues Label verpassen, beispielsweise ,einen eigenen Kopf haben' (Verhalten = eigenen Kopf haben) oder ,sich nicht alles von den Eltern gefallen lassen'.

Ein Kontextreframing würde hingegen einen anderen Kontext betonen, in denen sich aus dem Verhalten (meist dem positiven Kern) eine positive Konsequenz ergeben würde. Das Kind könnte sich in anderen Situationen der Haut erwehren oder seinen Standpunkt durchsetzen – z.B. Kontext: Schule (Ärgern durch Mitschüler), Kontext: Nachhauseweg (Belästigung), Kontext: Beruf / Karriere (Verhandlungen, Konflikte usw.).

Exkurs – Nomenklatur

Die Begriffe ,Bedeutungs-, Inhalts- und Kontextreframing' werden in der Literatur nicht identisch verwendet. Gewissermaßen entscheidet der Nennungskontext, wie der Begriff verstanden wird. Im Folgenden werden drei unterschiedliche Verwendungen benannt:

Plate (2008) unterscheidet zunächst zwischen Reframings, bei denen der Inhalt bekannt sein muss und Reframings, bei denen der Inhalt nicht bekannt sein muss. Erstere werden als ‚Inhaltsreframings' bezeichnet, Letztere beziehen sich beispielsweise auf das 6-Step-Reframing (Bandler / Grinder 1981, 1985), bei dem der Inhalt nicht bekannt sein muss. Die Inhaltsreframings werden wiederum in Reframings unterschieden, welche vordergründig die Bedeutung ändern (Bedeutungsreframing, Umetikettieren, Umlabeln) und Reframings, welche vordergründig den Kontext tauschen (Kontextreframing). Dieses Buch folgt der obigen Ordnung.

Schlippe und Schweitzer (2009) sehen Bedeutungs- und Kontextreframing ähnlich den obigen Ausführungen, verstehen jedoch das Inhaltsreframing anders. Während in diesem Buch darauf abgestellt wird, dass für Inhaltsreframings der Inhalt des Gesagten bekannt sein muss, sehen Schlippe und Schweizer (2009) das Inhaltsreframing als das Suchen nach der positiven Absicht hinter dem problematischen Verhalten.

Dilts (2008) versteht das Kontextreframing ähnlich der obigen Ausführungen. Den Begriff ‚Bedeutungsreframing' verwendet er nicht, benennt aber den entsprechenden Prozess mit ‚Umdefinieren'. Den Begriff ‚Inhaltsreframing' bringt er mit der Suche nach der positiven Absicht bzw. positiven Konsequenzen in Verbindung.

9.3 Rahmen

Das NLP stellt eine Vielzahl nützlicher Rahmen zur Verfügung, die hier jedoch nicht alle beschrieben werden können (siehe O'Connor 2005, S. 265–273; Plate 2008, S. 96–100 für eine Übersicht). Im Folgenden werden drei Rahmen dargestellt, die häufig und mit durchschlagendem Erfolg eingesetzt werden können.

- *Ergebnisrahmen vs. Problemrahmen*
  Ein Ergebnisrahmen „fokussiert auf gewünschte Ergebnisse, Wirkungen und Ziele, sowie auf die zur Zielerreichung notwendigen Ressourcen, Prozesse und Prozeduren. Im Ergebnisrahmen wird die Aufmerksamkeit auf die Gegenwart und Zukunft ausgerichtet." (Plate 2008, S. 98). Im Gegensatz dazu fokussiert der Problemrahmen darauf, „was „falsch" oder „unerwünscht" ist. Die unerwünschten Symptome werden hervorgehoben, und man konzentriert sich auf die Suche nach deren Ursache. Die Aufmerksamkeit ist verstärkt auf die Vergangenheit ausgerichtet." (Plate 2008, S. 98).

- ‚als-ob'-Rahmen

  Beim ‚als-ob'-Rahmen tut man so, *als ob* etwas der Fall wäre. Dieser neue Zustand ermöglicht dann andere Handlungsmöglichkeiten. Bei ‚als-ob'–Reframings
  - handelt man so, als hätte man ein Ziel bereits erreicht und fokussiert auf die Schritte, die dahin geführt haben.
  - etabliert man eine bestimmte Erwartung und baut so eine selbsterfüllende Prophezeiung auf („fake it till you make it").
  - konzentriert man sich auf die Handlungen, Zustände usw., die möglich sind, sobald man ein Ziel erreicht hat.

Beispiel 1: Nützliche Prämissen für den Umgang mit Menschen sind beispielsweise, dass
- hinter jedem Verhalten eine positive Absicht steckt,
- Menschen aus ihrer Landkarte die jeweils beste zur Verfügung stehende Alternative auswählen und
- dass sie die Ressourcen für Wachstum in sich tragen.

Diese Prämissen sind nicht beweisbar – aber wenn man handelt, *als ob* sie wahr wären, macht es einen Unterschied für das eigenen Handeln und die eigene Haltung. Geht man beispielsweise davon aus, dass Menschen im Kern böse und selbstsüchtig sind und ihr Verhalten durch äußere Verstärkerprogramme aufgebaut werden muss (positive Verstärkung, Bestrafung usw.), so wird dies andere Konsequenzen für die eigene Einstellung, Haltung und Handlungsalternativen haben.[2]

Beispiel 2: Um ein Ziel zu erreichen, rekonstruiert man die Schritte, die dahin geführt haben. Ein Schüler tut also beispielsweise so, *als ob* er in seinem Traumberuf arbeitet, und überlegt, welche Schritte notwendig waren, um dahin zu gelangen.

Beispiel 3: Hierzu gehören eine Reihe von Phänomenen, die hier nur angerissen werden können. Da Menschen nach Konsistenz streben, tendieren sie dazu, beispielsweise ihr Selbstbild ihrem Verhalten anzupassen (ich handle selbstbewusst → ich bin selbstbewusst). Hierdurch werden Erwartungen etabliert, die förderlich sein können, z.B.:
- in Anbetracht von Widerständen durchhalten,
- auf bestimmte Hinweise achten, die eine positive Interaktion indizieren,

---

2   Vgl. die zwie Weltbilder in Kap. 3.1.

- generalisierte Kompetenzerwartungen (Selbstwirksamkeit),
- in anderen Personen eine Erwartung etablieren, die für das eigene Leben förderlich ist (selbsterfüllende Prophezeiung, siehe Kapitel 3.4).

Beispiel 4: Das Visualisieren von Möglichkeiten, die beim Erreichen des Ziels realisierbar werden, kann als motivationale Komponente helfen, schwere Zeiten durchzustehen.

- *Feedback-Rahmen*
  Im Feedback-Rahmen werden „Probleme, Symptome oder Fehler [...] nicht als Ausdruck des Misserfolgs interpretiert, sondern nur als Ergebnisse, die sich natürlicherweise aus der Kombination von Kontextbedingungen und Handlungen ergeben. Der Fokus wird hier auf konkrete Handlungen gelegt, die in einem bestimmten Kontext einen bestimmten Effekt hervorrufen.
  Das Ergebnis stellt ein nützliches und willkommenes Feedback zur Verfügung, anhand dessen sich Handlungen oder Kontextbedingungen korrigieren lassen, um so den gewünschten Zustand doch zu erreichen." (Plate 2008, S. 98).
  Dabei wirken typischerweise zwei Faktoren beim Feedback-Rahmen. Zum einen wird eine problematische Situation nun als Lernmöglichkeit definiert, d.h. ein Lern-Rahmen um die Situation gelegt. Zum anderen betrachtet man die Situation ‚feinkörniger‘. Lautet der Problemrahmen beispielsweise „Wir haben versagt" oder noch schlimmer: „Ich bin ein Versager", richtet man jetzt den Blick weg vom Nichterfüllen des Erfolgskriteriums auf die konkreten Handlungen, die man unternommen hat, um ein bestimmtes Ergebnis zu erzeugen. Das Verhalten wiederum kann man meistens leichter ändern, als die Identität (z.B. ein ‚Versager‘ zu sein). Dass das erreichte Ergebnis nicht das gewünschte ist, steht dabei auf einem anderen Blatt.

9.4 Sleight of Mouth-Struktur

Das Sleight of Mouth (SOM)-Modell nach Dilts (2008)[3] formalisiert 14 verschiedene Reframingtechniken, die auf Glaubenssätze angewendet wer-

---

3   Der Begriff *Sleight of Mouth* geht auf *sleight of hand artist* zurück, also einem Taschenspieler, der die Aufmerksamkeit der Beteiligten geschickt auf bestimmte Aspekte lenkt.

den können. Glaubenssätze werden innerhalb dieses Modells als komplexe Äquivalenzen (KÄ)[4] bzw. Ursache-Wirkungs-Aussagen (UW) dargestellt. Sie stellen Überzeugungen über sich selbst, andere Menschen und die Welt im Allgemeinen dar, die häufig nicht hinterfragt werden.

Bei einer komplexen Äquivalenz wird eine Evidenz, d.h. etwas sensorisch Wahrnehmbares oder ein spezifischer Indikator, mit einem abstrakten Wert oder Kriterium gleichgesetzt. Im Prinzip wird die Bedeutung von zwei Elementen gleichgesetzt bzw. eine Definition vorgenommen. Die allgemeine Struktur kann als:

$$A_{(Evidenz)} = B_{(Wert/Kriterium)}$$

formalisiert werden. Beispielsweise wäre bei der komplexen Äquivalenz: „Erfolg heißt, viel Geld zu verdienen", der Teil ‚viel Geld verdienen' die Evidenz und der ‚Erfolg' der Wert. ‚Viel Geld' und ‚Erfolg' könnten mithilfe des Meta-Modells weiter konkretisiert werden.

Bei einer Ursache-Wirkungs-Aussage wird eine ‚Ursache', d.h. ein verursachende oder aufrechterhaltende Bedingung, mit einer ‚Wirkung' in Verbindung gesetzt. Dies kann wie folgt formalisiert werden:

$$C_{(Ursache)} \rightarrow D_{(Wirkung; Wert oder Kriterium)}$$

Beispielsweise wäre bei der Ursache-Wirkungsaussage: „Harte Arbeit führt zu Erfolg" die ‚harte Arbeit' die Ursache, welche die Wirkung ‚Erfolg' hat.

Dabei sind KÄ und UW häufig ineinander geschachtelt und die Evidenzen oder Ursachen selten konkret, aber häufig konkreter als die Wirkung oder der Wert / das Kriterium. Im obigen Beispiel ist ‚harte Arbeit' ja relativ abstrakt und kann weiter konkretisiert werden („Was bedeutet für dich ‚harte Arbeit'?").

Exkurs – Glaubenssätze

Linguistische Marker von Glaubenssätzen: Nach Hall und Bodenhamer (2001, S. 84; übersetzt von Plate) weisen vor allem die folgenden Worte auf Glaubenssätze hin: ist, macht, verursacht, bedeutet, führt zu usw. Dabei geht es darum, wie etwas verursacht, gleichgesetzt und gewertet wird. Auch jede Präsupposition, d.h. jede Vorannahme, kann als Glaubenssatz verstanden werden.

---

4 Anders als deren Verwendung im Meta-Modell (vgl. Kap. 8.2) werden die KÄ hier umfassender verstanden, d.h. nicht mehr nur auf emotionale Zustände bezogen.

Meta-Struktur von Glaubenssätzen: Glaubenssätze sind nach Dilts (2008, S. 161) an (1) innere Zustände (Aufmerksamkeitsfilter), (2) Werte (positive Absichten), (3) sensorische Erfahrungen und (4) Erwartungen gekoppelt. Ein Glaubenssatz kommt also nicht allein, sondern ist in ein Netz von Kognitionen und Wahrnehmungen eingebettet. Wem z.b. Prüfungen ein Symbol für ‚Erfolg' sind (2) und wer glaubt, eine Prüfung nicht bestehen zu können (4), wird besonders auf Anzeichen des Versagens achten (3), die zu Angst führen (1), die das Lernen behindern kann.

Gedankenviren: ‚Gedankenviren' entstehen nach Dilts (2008, S. 163–169), wenn eine Überzeugung von den vier oben genannten Kontextelementen abgekoppelt wird. Hierbei werden die spezifischen Bedingungen, unter denen der Glaubenssatz entstanden ist, getilgt. Die Kontextelemente sind es jedoch, die dem Glaubenssatz ‚Sinn' verleihen. Fehlen sie, operiert der Glaubenssatz als generalisierte Überzeugung oder selbsterfüllende Prophezeiung (‚Gedankenvirus') und schafft sich Erwartungen, Aufmerksamkeitsfilter / innere Zustände usw., die kongruent zu seiner Struktur sind. Als erster Schritt zur Bearbeitung solcher Gedankenviren sollten die entsprechenden Kontextelemente im Gespräch herausgearbeitet werden, um so die ‚Allmacht' des Virus wieder zu kontextualisieren.

Einschränkende Glaubenssätze: Einschränkende Glaubenssätze führen nach Dilts (2008, S. 93) typischerweise zu
– Hoffnungslosigkeit (das Ziel ist ungeachtet der eigenen Fähigkeiten nicht erreichbar),
– Hilflosigkeit (das Ziel ist zwar grundsätzlich, aber nicht mit den eigenen Mitteln erreichbar),
– Wertlosigkeit (man verdient es nicht, das Ziel zu erreichen).
Wird der Gedankenvirus hingegen kontextualisiert und mit Reframings oder anderen Techniken bearbeitet (Plate 2008), so können sich andere emotionale Zustände einstellen.

9.5 Sleight of Mouth-Muster

Sleight of Mouth-Muster können verwendet werden, um einschränkende Glaubenssätze / Aussagen zu erweitern oder aufzulösen. Die Anzahl der SOM-Muster ist unterschiedlich: Dilts (2008) nennt beispielsweise 14 SOM-Muster, Hall und Bodenhamer (2001) 26. An dieser Stelle wird die Darstellung auf sechs wirkungsvolle und universell anwendbare Reframings beschränkt.[5]

- *Positive Absicht*
  Das SOM-Muster der ‚Positiven Absicht' stellt zwei Aspekte in den Vordergrund: Zum einen
  - „die positive Motivation hinter dem Verhalten (z.B. der Wunsch nach Sicherheit, Liebe, Fürsorge, Respekt usw.)"[6] (Dilts 2008, S. 43), zum anderen
  - „die positive Auswirkung, die da betreffende Verhalten im Hinblick auf das größere System oder den umfassenden Kontext, in dem es auftritt, haben könnte (z.B. Schutz, Verlagerung der Aufmerksamkeit, Erlangen von Anerkennung usw.)." (Dilts 2008, S. 43).[7]
  Beispiel: „Ich finde den Rasenmäher zu teuer" – „Wie ich höre, ist Ihnen wichtig, dass Sie einen angemessenen Gegenwert für Ihr Geld bekommen." Nun kann gemeinsam der Gegenwert des Rasenmähers exploriert werden.

Exkurs – Kritiker wird Ratgeber

Ein ‚Kritiker' operiert in einem Problem- oder Misserfolgsrahmen. Dies hat in der Kommunikation typischerweise zwei Konsequenzen. Zum einen werden die wichtigen Erfahrungen, Wissensbestände und Erwartungen des Kritikers nicht in produktiver Weise Teil der Kommunikation. Zum anderen besteht die Gefahr, dass der Kritiker selber zum ‚Problem' der Interaktion gemacht wird. Dies heißt auf der Rahmenebene, dass ein Problemrahmen über den Kritiker gelegt wird und diese Rahmung dann die weitere Interaktion bestimmt. Dies

---

5   Dilts (2008) ist relativ einfach zu lesen, manchmal aber nicht stringent in seiner Nomenklatur. Er bietet viele Anwendungsbeispiele, Übungen und Formate. Hall und Bodenhamer (2001) bieten ein erweitertes und stringentes Modell, das zwar auch für Anfänger nützlich ist, hier jedoch aufgrund seiner Komplexität eher für Fortgeschrittene empfohlen wird.

6   In dieser Hinsicht ähnelt das SOM-Muster ‚positive Absicht' den Bedürfnissen in der gewaltfreien Kommunikation (s. Kap. 6.2.3) und den Interessen im Harvard-Konzept (s. Kap. 7.3).

7   Dies wird auch als ‚Sekundärgewinn' bezeichnet. Damit wird auf die Fragen verwiesen: „Welche positive Funktion hat das Problemverhalten? Wozu ist es gut? Welche positive Auswirkung müsste man aufgeben, wenn man das Problemverhalten aufgibt?"

kann mit Abwertung oder ‚negativen' Gefühlen einhergehen und auch Konsequenzen für die zukünftige Interaktionen haben (z.B. als Erwartung, infolge derer die Person nicht mehr einbezogen wird usw.). [8] Das Ziel beim Reframing ist, den Kritiker zu einem Ratgeber zu machen, um so wichtige Einwände oder begrenzende Rahmenbedingungen auf konstruktive Weise in die Planung einzubeziehen. Hierzu werden drei Schritte durchlaufen. Zunächst wird die positive Absicht hinter der Kritik herausgearbeitet. Diese wird in einem Ergebnisrahmen betrachtet und schließlich als Wie-Frage formuliert, um neue Möglichkeiten zu entdecke

Vorgehen: Beispiel „Teambesprechung"

1. Entdecke die positive Absicht hinter der Kritik.

   K: „Das Angebot ist zu teuer."

   A: „Um was geht es Ihnen dabei?"

   K: „Es geht darum, zu hohe Kosten zu vermeiden."

2. Formuliere die positive Absicht innerhalb eines Ergebnisrahmens: Was soll erreicht oder bewahrt werden?

   A: „D.h. es geht Ihnen darum, dass der Preis innerhalb des Anfang des Jahres definierten Budgets bleibt?!" oder

   A: „Wenn es nicht um X geht – worum geht es dann? Was wollen Sie erreichen?" oder

   A: „Wenn wir X vermeiden können – was hätten wir davon? Welchen positiven Effekt hätte das?"

3. Verwandle den Einwand in eine Wie-Frage: Wie können wir den Einwand in unserer Planung berücksichtigen? Dies kann auf eine einfache Integration der Information abstellen, den Suchrahmen weiter spannen, in dem Alternativen erkundet werden (siehe Kapitel 7.4) oder bis zum Hinterfragen von Prämissen (siehe Kapitel 8.2) oder Überzeugungen reichen.

   A: „Wie können wir sicherstellen, dass das Angebot im Budgetrahmen bleibt?"

   A: „Welches Budget genau? Welche Optionen haben wir noch, dies zu erreichen?"

- *Umdefinieren*

  Beim Umdefinieren wird „ein Wort oder eine Formulierung, die in einer Aussage oder einer Generalisierung benutzt werden, durch ein anderes

---

8   Man beachte auch die Ähnlichkeit zum Werte- und Entwicklungsquadrat (s. Kap. 5.3) – welche Tugend liegt dem ‚Kritiker' zugrunde, welche zweite Tugend sollte entwickelt werden? Weiterhin resultiert der Umgang mit Kritikern häufig in Polarisierungen (Polarisierungsquadrat). Auch die getrennte Behandlung von Mensch und Sache im Harvard-Konzept (vgl. Kap. 7.2) verweist auf diesen Aspekt.

Wort oder eine andere Formulierung mit ähnlicher Bedeutung, jedoch anderen Implikationen" ersetzt (Dilts 2008, S. 47). Diese Reframingform wird oben ‚Bedeutungsreframing' genannt und auch als ‚Umetikettieren' beschrieben. In seiner allgemeinen Form sagt man: „Das Verhalten / die Situation bedeutet nicht X, sondern Y.".
Beispiel: „Der Rasenmäher ist nicht teuer, sondern ein Qualitätsmodell."

- *Konsequenzen*
  Jede Überzeugung hat Konsequenzen für das weitere Leben. Bei diesem SOM-Muster werden die positiven oder negativen Folgen, die aus einem bestimmten Glaubenssatz erwachsen, in den Vordergrund gerückt, um so die Überzeugung zu stärken oder zu schwächen. Die Überzeugung wird also im Licht ihrer Konsequenzen gerahmt. Der sogenannte ‚Sekundärgewinn', d.h. der Gewinn, den eine Person aus einer negativen Situation zieht, ist hier ebenfalls verortet.
  Beispiel: „Rauchen entspannt mich!" – „Und wenn du dich so entspannst, kann es dich krank machen – Krebs, Arteriosklerose usw."

- *Ein anderes Ergebnis*
  Mit diesem SOM-Muster ein anderes Ergebnis in den Vordergrund gerückt, als das, was im Glaubenssatz ausgedrückt wird. Hierbei vermindert man die Bedeutung des Werts / Kriteriums bzw. der Ursache, in dem man einen relevanteren Wert / ein relevanteres Kriterium bzw. eine relevantere Ursache in den Fokus der Aufmerksamkeit rückt.
  Beispiel: „Rauchen entspannt mich!" – „Ich bin mir nicht sicher, ob es um kurzfristige Entspannung (Zeitrahmen) gehen sollte oder um langfristige Gesundheit!"
  Beispiel: „Das Lernen ist so anstrengend." – „Glaub ich dir … und es ermöglicht dir, mit den erlangten Kompetenzen / dem Abschluss einen Beruf zu ergreifen, der dich erfüllt."
  Beispiel (mit Zeitrahmen): „Das Lernen ist so anstrengend" – „Glaub ich dir … und die wenigen Tage lernen jetzt können dir die Grundlage geben, für dein späteres Leben einen Beruf zu ergreifen, der dich erfüllt."

- *Chunking up/down*
  Chunking bezieht sich auf „die Aufteilung einer Erfahrung in größere oder kleinere Einheiten" (Dilts 2008, S. 56).[9] Man kann sich dieses so vorstellen,

---

9   Das ‚chunken' ist auch Teil des Problemlösekreises im Harvard-Konzept (s. Kap. 7.4.2).

dass man sich die Abstraktionsleiter eines Ordnungssystems rauf- oder runter bewegt. Beispielsweise ist das von Carl von Linné (1707–1787) vorgestellt zoologische Nomenklatursystem so gegliedert. Dort unterscheidet man ‚Tiere‘ von ‚Pflanzen‘ und ‚Mineralien‘. Tiere werden weiter in ‚Säugetiere‘, ‚Fische‘, ‚Vögel‘, ‚Amphibien‘, ‚Insekten‘ und ‚Würmer‘ unterteilt usw.

Durch ‚herunterchunken‘ wird das Problem in konkrete kleinere Einheiten aufgebrochen. Diese Einheiten können genauer untersucht werden. Möglicherweise besteht nur in einer der kleineren Einheiten das Problem oder es fallen einem verschiedene Lösungsmöglichkeiten ein, wenn man das Problem in handliche Einheiten aufbricht.

Durch ‚heraufchunken‘ ordnet man das Problem in einen größeren Rahmen ein. Hieraus werden möglicherweise neue Implikationen sichtbar.

Beispiel 1: Das im ‚Kritiker-Exkurs‘ angesprochene Budget könnte als eine von vielen Finanzierungsmöglichkeit angesehen werden (*chunking up*), um dann nach anderen Finanzierungsmöglichkeiten zu suchen (*chunking down*). Auch könnten die dem Angebot zugrunde liegenden Kosten in unterschiedliche Kostentypen (Anschaffung, Personal usw.) heruntergebrochen werden, um verschiedene Möglichkeiten der Gegenfinanzierung zu finden.

Beispiel 2: Ein Unternehmer wechselt von seiner Identität als ‚Kohlenhändler‘ zur Identität als ‚Energieversorger‘ (*chunking up*) und erweitert sein Portfolio um Öl und Gas als weitere Energieträger (*chunking down*). Gleichzeitig erweitert er die damit verbundene UW-Beziehungen. Aus „Ich liefere Kohle" (Ich → Kohle) wird „Ich liefere Energie" (Ich → Energie). Dies wird ausgeweitet zu: „Energie führt zu Wärme" (Energie → Wärme) und Wärme → Kochen; Wärme → Heizung; Wärme → Warmes Gebrauchswasser. Die durch diese Wechsel identifizierten Funktionsbereiche werden mit Heizungssystemen, Warmwassersystemen usw. dann im Unternehmen abgebildet und so weitere Einkommensmöglichkeiten erschlossen.

- *Veränderung der Rahmengröße*
  Die Rahmengröße bestimmt, was wir sehen. Beispielsweise kann man einen Glaubenssatz mit einem größeren oder kleineren
  1. Zeitrahmen,
  2. menschlichen Bezugsrahmen oder
  3. einer Ausweitung / Einschränkung des Sichtfelds versehen.

Beispiel 1: „Was bedeutet die heutige negative Erfahrung für dich, wenn du mit 90 im Lehnstuhl an deinem Haus am See sitzt, deine Enkel im Garten spielen, und du auf diese Erfahrung zurückblickst?"
Beispiel 2: „Klar, wenn nur *du* dies machst, kann das System mit den Konsequenzen umgehen, aber wenn *alle* dies tun würden?"
Beispiel 3: „Sicher war das eine unangenehme Sache, wie du gegenüber dem Chef Stellung bezogen hast – aber das hat vielen Kollegen klar gemacht, wie sie sich wehren können!"

9.6 Übungen

• *Glaubenssätze*
Selten werden Glaubenssätze in der Konversation vollständig angeboten. Fehlt eine Seite des Glaubenssatzes, gilt es bei komplexen Äquivalenzen, die konkreten Evidenzen zum Wert / Kriterium zu erfragen bzw. das übergeordnete Kriterium für konkrete Evidenzen. Analoges gilt für Ursache und Wirkung. Neben den untenstehenden Übungsbeispielen empfiehlt es sich auch, mit eigenen Überzeugungen zu arbeiten, deren Evidenzen, Kriterien, Ursachen und Wirkungen wir feststellen und dann weiter untersuchen können. Decken Sie die rechte Spalte ab, um die möglichen Fragen nicht zu früh zu lesen.

• *Komplexe Äquivalenzen*

Tabelle 38: Übung zur Erkundung komplexer Äquivalenzen im SOM-Modell

Aussage	Mögliche Frage
„Klaus ist ein guter Schüler."	„Woran erkennst du einen guten Schüler?" „Was hat ein guter Schüler für Qualitäten?"
„Wir fordern Gerechtigkeit."	„Woran erkennst du eine gerechte Lösung?" „Was macht für dich ‚Gerechtigkeit' aus?"
„Diana ist eine freundliche Person."	„Woran machst du das fest?" „Woran erkennst du eine freundliche Person?"

„Manfred ist immer so rücksichts- los."	„Woran machst du das fest?" „Woran erkennst du eine rücksichtslose Person?"
„Ich bin ein Versager."	„Woran machst du das fest?" „Woran erkennst du einen Versager"
„Ich kann einfach keine Statistik."	„Woran machst Du das fest?"

- *Ursache – Wirkung*

Tabelle 39: Übung zur Erkundung von Ursache-Wirkungsaussagen im SOM-Modell

Aussage	Frage
„Klaus ist ein guter Schüler."	„Was macht ihn zu einem guten Schüler?" „Was ermöglicht ihm, ein guter Schüler zu sein?"
„Wir fordern Gerechtigkeit."	„Was würde Gerechtigkeit herstellen?"
„Diana ist eine freundliche Person."	„Was macht sie zu einer freundli- chen Person?"
„Manfred ist immer so rücksichts- los."	„Was bewirkt Manfreds rücksichts- loses Verhalten?"
„Ich bin ein Versager."	„Was macht dich zu einem Versager?"
„Ich kann einfach keine Statistik."	„Wie kommt's?"

Sleight of Mouth-Muster

Die folgenden SOM-Muster können im Prinzip auf jeden Glaubenssatz angewendet werden. Einige der Muster funktionieren auch dann, wenn nur ein Teil des Glaubenssatzes geäußert wird. Beispielhaft werden die entsprechenden Reframings auch an zwei Glaubenssätzen demonstriert. Nicht alle Reframings passen dabei gleich gut. Der Zweck dieser Übung liegt zum einen darin, die ,reine Form' des Reframings zu üben. Zum anderen machen wir so erste Erfahrung, welche Reframings bei welchen Situationen angemessen erscheinen und welche nicht. Alternativ können die SOM-Muster nicht als eigenes Reframing angeboten, sondern als Frageraster verwendet werden.

Beispiel 1:   „Rauchen entspannt mich";
               Rauchen → Entspannung
Beispiel 2:   „Ich bin ein schlechter Student, weil ich so viel auf Facebook rumdaddel"; viel auf Facebook rumdaddeln = schlechter Student

- *Positive Absicht*
  Suchen Sie nach Situationen, in denen Sie sich über eine andere Person geärgert bzw. ein aversives Gefühl gehabt haben (Angst, Ärger usw.). Hier bieten sich Situationen an, die ‚immer wieder' passieren. Identifizieren Sie dann eine positive Absicht, die mit dem Verhalten der anderen Person bzw. bei Ihnen selbst erfüllt wird. Beachten Sie, wie sich die Wahrnehmung der Situation verändert. Folgende Beispiele dienen zur Anregung:
  - Rauchen,
  - Computer spielen / shoppen, statt an der wichtigen Hausarbeit zu arbeiten,
  - bei einer Sache ‚kneifen',
  - jemanden ‚anblaffen',
  - zu spät zu einem Treffen kommen,
  - eine Zusage nicht einhalten.

Beispiele 1 und 2
Rauchen → Entspannung: „Das heißt, du übernimmst mit dem Rauchen auf der einen Seite Verantwortung für deinen Stresslevel – in gewisser Weise auch für deine Gesundheit."
Es wird deutlich, dass hinter dem Rauchen eine positive Absicht steckt, die jedoch mit einem Mittel befriedigt wird, das sowohl eine positive (Entspannung) als auch implizit eine negative Wirkung (Krankheit durch Rauchen) ausweist. Im Anschluss könnten andere Wege, den Stresslevel zu regulieren, erkundet werden.

viel auf Facebook rumdaddeln = schlechter Student: „Was ist denn das Gute daran, auf Facebook Zeit zu verbringen? Was gibt dir das?" Das Facebook-Surfen wird zunächst wertgeschätzt. Im Anschluss können andere Wege gefunden werden, die damit verbundenen positiven Absichten zu erfüllen bzw. einen Kompromiss mit den Anforderungen an das Lernen zu finden.

- *Kritiker zum Ratgeber*
  Suchen Sie nach einer Situation, in der sich jemand Ihnen gegenüber als Kritiker verhalten hat. Versetzen Sie sich in die Situation der Person, unterstellen Sie ihr eine positive Absicht, formulieren Sie den Einwand um und formulieren Sie hierzu ‚Wie-Fragen‘, um den Einwand konstruktiv bearbeiten zu können.

- *Umdefinieren*
  Suchen Sie zu den folgenden Beispielen Reframings, die eine positivere Implikation enthalten. Decken Sie die rechte Seite ab, um die Vorschläge nicht sofort zu lesen:

Tabelle 40: Übung zum Umdefinieren im SOM-Modell

Eigenschaft	Mögliche Reframings
chaotisch	kreativ, spontan, im Augenblick sein
egoistisch	eigene Bedürfnisse kennen und durchsetzen; wissen, was man will
feige	zurückhaltend, menschlich, um seine Zukunft bedacht sein
rücksichtslos	durchsetzungsstark, viel Power, fokussiert sein
faul	entspannt, kümmert sich um sich selbst, genießt das Leben
aggressiv	energetisch, kann konfrontieren, stellt sich Konflikten, setzt Sachen durch

Beispiele 1 und 2
Rauchen → Entspannung: Rauchen könnte zu ‚Tode auf Raten‘, ‚Sargnägel rauchen‘, ‚Nikotinbomben zünden‘ o.ä. umdefiniert werden. Damit wird die negative Seite des Rauchens betont, um so stärkere Änderungsmotivation zu erzeugen. Entspannung könnte zu ‚Zeit für sich‘, ‚Zeit mit Freunden‘, ‚Kaffeepause ohne Rauch‘ o.ä. umdefiniert werden, um auf andere Mittel, sich die Entspannung zu holen, hinzuweisen.

viel auf Facebook rumdaddeln = schlechter Student. Das Facebook-Surfen könnte als ‚Kontakt zu Freunden halten‘, ‚Social Media beherrschen‘, ‚natürliche Abwehrstrategie vor dem Erwachsenwerden‘ o.ä. umdefiniert werden.

Wichtig ist, was sich aus den Reframings ergibt – Humor und Wertschätzung kann Veränderungsbereitschaft bzw. den Blick auf ‚Nebenwirkungen‘ erhöhen. Andere Implikationen können Hypothesen bzw. Veränderungsstrategien testen (z.B. Angst vor dem, was nach dem Abschluss kommt).

• *Konsequenzen*
  Suchen Sie sich eine Überzeugung, die Sie gern ändern wollen, und fragen Sie sich dann: Welche Konsequenzen erwachsen aus der Überzeugung? Welche Folgen wird sie wahrscheinlich haben? Wenden Sie diese Konsequenzen auf die Überzeugung an und beobachten Sie, was sich verändert. Decken Sie bei den folgenden Beispielen die rechte Seite ab, um die Lösungsvorschläge nicht sofort zu lesen.

Glaubenssatz	Mögliche Konsequenzen
„Ich muss immer Höchstleistungen bringen, sonst bin ich ein Versager!“	Motiviert zu Höchstleistungen, führt zu ‚Opfern‘ (Hobbys, Freunde), Stress, harschen Urteilen über sich (und andere).
„Frauen stehen nur auf coole Typen“/ „Männer stehen nur auf schlanke, sinnliche Typen“	Führt zu Abwertung sich selbst gegenüber, Stress, Verlust an Natürlichkeit, Unzufriedenheit mit sich selbst, Aufbau einer Fassade, stereotyper Betrachtung von Männern und Frauen; motiviert ggf. zu Lernen und Verhaltensänderung.
„Wer nicht meiner Meinung ist, verrät mich!“	Führt zu Misstrauen, Streit, Verlust von Freunden, wichtigen Informationen; sorgt dafür, dass nur Gleichgesinnte um einen sind.

Beispiele 1 und 2
Rauchen → Entspannung: „Ja, und wenn du weiterhin zur Entspannung rauchst, verursacht es auch Krebs! Und selbst, wenn nicht, dann verursacht es auf jeden Fall finanzielle Kosten!"
Hier wird betont, dass die Überzeugung langfristig zu Krankheit (Krebs) und finanziellen Kosten führt.

viel auf Facebook rumdaddeln = schlechter Student: „Wenn du dich weiter mit Facebook und damit beschäftigst, dass du anders studieren könntest (Umdefinieren), fehlt dir der Fokus und die Energie, das Ruder herumzureißen."
Hier wird betont, welche Konsequenzen daraus erwachsen, wenn die obige Überzeugung zu einer selbstmitleidigen Haltung führt.

- *Ein anderes Ergebnis*
  Suchen Sie nach einem als problematisch (schwierig, anstrengend usw.) angesehenen Verhalten und der dazugehörigen Überzeugung. Fragen Sie sich, welches Ergebnis, Ziel oder welcher Wert stattdessen im Vordergrund stehen könnte. Decken Sie bei den folgenden Beispielen die rechte Seite ab, um die Lösungsvorschläge nicht sofort zu lesen.

Glaubenssatz	Anderes Ergebnis
„Ich muss immer Höchstleistungen bringen, sonst bin ich ein Versager!"	„Es geht vielleicht nicht um Höchstleistungen, sondern um Effektivität (mit 20 Prozent Einsatz 80 Prozent zu liefern)."
„Frauen stehen nur auf coole Typen"/ „Männer stehen nur auf schlanke, sinnliche Typen."	„Langfristig geht's um eine glückliche Partnerschaft, die mehr darauf beruht, wie Menschen zusammenpassen und sich gegenseitig anregen und unterstützen."
„Wer nicht meiner Meinung ist, verrät mich!"	„Vielleicht ist es nicht so wichtig, einer Meinung zu sein, sondern von der Unterschiedlichkeit der Meinungen zu lernen und damit konstruktiv umzugehen."

Beispiele 1 und 2

Rauchen → Entspannung: „Ich glaube, es geht nicht so sehr um Entspannung, sondern um deine Gesundheit!"

Abgestellt wird auf einen wichtigen Wert (Gesundheit), der statt der Entspannung in den Fokus gerückt wird.

viel auf Facebook rumdaddeln = schlechter Student: „Vielleicht ja, aber es hält dich auch auf eine gewisse Weise mit deinen Freunden in Kontakt und versorgt dich mit Neuigkeiten aus aller Welt."

Abgestellt wird auf einen wichtigen Wert (Kontakt), der statt der vertanen Zeit in den Fokus gerückt wird.

- *Chunking up/down*
  Suchen Sie sich für die folgenden Begriffe ein konkretes Beispiel und chunken Sie es sowohl hoch als auch herunter. Wenn Sie hochgechunkt haben, können Sie weitere Instanzen dieser Kategorie finden.
  - Körperteil,
  - Beruf,
  - Abteilung,
  - Problem,
  - Ich,
  - Ziele im Leben.

Beispiele 1 und 2

Rauchen → Entspannung: „Rauchen ist ja nur Teil deines Nachmittagsrituals (chunking up), wo du Zeit für dich hast, einen Kaffee trinkst und etwas Kraft tanken kannst (dreimal chunking down)."

Abgestellt wird auf die wohltuende Wirkung der anderen Bestandteile ohne Rauchen.

viel auf Facebook rumdaddeln = schlechter Student: „Rumdaddeln heißt, dass du den Status von Freunden checkst, mit Freunden chattest, Neuigkeiten der ‚geliketen' Seiten liest und weiterführende Links verfolgst (alle chunking down)."

Abgestellt wird hier auf verschiedenen Aktivitäten, von denen möglicherweise einige beibehalten, andere hingegen aufgegeben werden können. Auch könnte der ‚unbegrenzte' Zeitrahmen hervorgehoben und gegebenenfalls begrenzt werden.[10]

• *Veränderung der Rahmengröße*
Suchen Sie sich eine als problematisch aversiv erlebte Situation. Verändern Sie den Zeitrahmen, menschlichen Bezugsrahmen oder das Blickfeld allgemein. Achten Sie darauf, wie sich das Erleben verändert. Anregungen könnten sein:
  • jemanden konfrontieren / auf Fehlverhalten ansprechen,
  • jemanden um ein Date bitten,
  • in der Gruppe eine Minderheitsmeinung vertreten,
  • ein Bewerbungsgespräch führen,
  • eine Abschlussprüfung ablegen.

Beispiele 1 und 2
Rauchen →Entspannung; „Ja, Rauchen entspannt dich für die drei, vier Minuten, die du rauchst. Wenn du du dir allerdings mal anschaust, wie viel Teer und Nikotin du dir allein in einem Jahr zuführst, in fünf Jahren, in zehn Jahren, steht das in keinem Verhältnis."
Das Rauchen wird zunächst wertgeschätzt. Im Anschluss wird es in Relation zu anderen Werten gesetzt.

viel auf Facebook rumdaddeln = schlechter Student „Was ist denn das Gute daran, auf Facebook Zeit zu verbringen? Was gibt dir das?"
Das Facebook-Surfen wird zunächst wertgeschätzt. Im Anschluss könnten andere Wege gefunden werden, die damit verbundenen positiven Absichten zu erfüllen bzw. einen Kompromiss mit den Anforderungen an das Lernen zu finden.

9.7 Literatur

Dilts, R. (2008): Die Magie der Sprache. 4. Auflage. Paderborn: Junfermann
Hall, L. M. / Bodenhamer, B. G. (2001): Mind Lines (4. Auflage). Clifton: Neuro Semantics Publications
Plate, M. (2008): Die Veränderung von Überzeugungen im Gespräch. Saarbrücken: VDM Verlag Dr. Müller

---

10 Hierbei handelt es sich um ‚Lösungen begrenzter Reichweite' aus dem Harvard-Konzept, vgl. Kap. 7.4.2.

10. Dialog: Martin Buber und David Bohm

Der Dialog ist eine Gesprächsform, die ‚schon immer' praktiziert wurde. Die intellektuellen Wurzeln des hier ausgeführten Dialog-Verständnisses lassen sich jedoch dem Philosophen Martin Buber (1878–1965) und dem Physiker David Bohm (1917–1992) zurechnen.

Buber wird 1878 als Sohn jüdischer Eltern in Wien geboren. Nach der Trennung seiner Eltern lebt er von 1881 bis 1892 bei seinen Großeltern in Lemberg. Mit 14 zieht er zu seinem Vater, der mittlerweile ebenfalls in Lemberg lebt. Die Trennung von der Mutter erlebt Buber als Trauma, seine Mutter als eine Fremde. Hieraus resultiert u.a. Bubers Beschäftigung mit dem Thema der menschlichen Begegnung bzw. Vergegnung, d.h. dem Fehlen einer wirklichen Begegnung. Buber studiert Philosophie, Psychologie und Germanistik und promoviert in Wien zur Geschichte des Individuationsproblems. Bis 1903 engagiert sich Buber in der zionistischen Bewegung, die er als ‚geistigen Zionismus' versteht.

Der Begriff der Begegnung ist für Buber zentral (s.u.). Dabei entsteht die Beschäftigung mit diesem Begriff nicht nur aus biographischen, sondern auch aus geschichtlichen Zusammenhängen. Zum einen ist hier der Siegeszug von Technik, Materialismus und Naturwissenschaften zu nennen, die auch den Menschen vergegenständlichen. Der Positivismus ist eine dominierende Erkenntnislehre, der die faktisch vorliegende Datenlage zur Grundlage des Erkenntnisgewinns erhebt. Zum anderen hat der Schock des Ersten Weltkriegs seine Spuren hinterlassen, der die Beschäftigung mit dem anderen Menschen und der Beziehung ansporte. Buber versteht die Wirklichkeit jedoch nicht primär als bereits vorliegende Substanz, sondern als Beziehung. Diese Beziehung zum anderen erfüllt sich u.a. im Dialog.

David Bohm wird 1917 in Pennsylvania, USA, geboren. Er studiert Physik am Pennsylvania State College und beginnt ab 1939 sein PhD-Studium bei Robert Oppenheimer an der University of California in Berkeley. Ab 1947 arbeitet er in Princeton als Assistenzprofessor und verschreibt sich der Erforschung der Quantenmechanik.

Als Student engagiert sich Bohm in pazifistischen und kommunistischen Organisationen. Dies ist auch der Grund, weshalb er 1943 von einer Teilnahme am Manhattan-Projekt ausgeschlossen und zwischen 1948 und 1949 durch das *Un-American Activities Commitee* des *United States House of Representatives* vorgeladen wird. Das Komitee untersucht angebliche Propaganda- oder Subversionsakte, die die konstitutionell garantierte Regierungsform zu unterminieren versuchten – im Prinzip ein ‚Anti-Kommunismus-Komitee'. Bohm beruft sich auf sein Schweigerecht und wird kurzzeitig inhaftiert. Seine Stelle als Assistenzprofessor an der Princeton-Universität wird suspendiert. Bohm wandert 1951 nach Brasilien aus und geht an die Universität von Sao Paulo. Er nimmt die brasilianische Staatsbürgerschaft an, nachdem die Gültigkeit seines amerikanischen Passes auf Reisen in die USA beschränkt wird (die amerikanische Botschaft fürchtet wohl, Bohm würde sich in die Sowjetunion absetzen). 1955 verlässt Bohm Brasilien und geht für zwei Jahre nach Israel an das *Israel Institute of Technology* in Haifa. Er forscht vier Jahre an der Universität Bristol, um dann ab 1961 in London als Professor für theoretische Physik zu arbeiten.
Bohm gilt als einer der brillantesten Quantentheoretiker des 20. Jahrhunderts. Mit dem Psychologen Karl Pribram (*1919) arbeitet Bohm weiterhin an einem holografischen Verständnis des menschlichen Geists. Alarmiert durch gesellschaftliche und ökologische Probleme beschäftigt er sich mit dem Dialog.
1990 gründet William Isaacs gemeinsam mit Peter M. Senge das *Center for Organizational Learning* am MIT. Isaacs, Senge und Kollegen erforschen den Dialog, dessen Wurzeln bei Buber, Bohm und anderen sowie dessen Anwendungsformen in Wirtschaft und Gesellschaft. Beide tragen so maßgeblich zur Verbreitung des Dialogs bei.
Quellen: Casper 2004, Kumar 2009, Martin-Buber-Gesellschaft n.d., Peat 1997, William Isaacs n.d.

10.1 Ausgangslage und Herausforderung

Der Dialog ist eine bestimmte Art, miteinander zu kommunizieren. Er stellt sowohl auf eine echte menschliche Begegnung also auch darauf ab, unsere oftmals unbewussten Annahmen über die Wirklichkeit zu erkunden und zu hinterfragen. Hierzu wird der Kommunikationsprozess verlangsamt, um Zeit für Reflexion zu gewinnen. Da dies ein gegenseitiger Prozess ist, wächst sowohl Einsicht als auch Verständnis für die Weltsicht aller Beteiligten am Dialogprozess. Der Dialog wirkt damit sowohl auf psychischer als auch sozialer Ebene.

Auf psychischer Ebene geht es um das Erkennen der eigenen unbewussten Vorannahmen, die unser Denken und Handeln steuern. Typischerweise tauchen unsere Gedanken (Ideen, Meinungen, Bewertungen usw.) blitzschnell auf. Probleme entstehen dadurch, wenn man sich mit diesen Gedanken identifiziert [1] und die Überzeugungen über den Gesprächspartner zu selbsterfüllenden Prophezeiungen werden. Durch die Verlangsamung im Dialog können die Grundlagen dieser Gedanken jedoch ergründet werden. Sieht man unsere Gedanken metaphorisch als Blätter, und unser Denken als Blätterrascheln an, so kann im Dialog der Zweig, an dem das Blatt sitzt, zum Ast, an dem der Zweig sitzt, bis zum Stamm, an dem der Ast sitzt, und zu den Wurzeln des Stammes zurück verfolgt werden.

Auf sozialer Ebene kann der Dialog sowohl zur Bearbeitung von Konflikten, denen scheinbar gegensätzliche Interessen zugrunde liegen, als auch zur kreativen Bewältigung von Herausforderungen verwendet werden. Bohm (1998) spricht davon, dass unsere übliche Denkweise zur Analyse tendiert und dass dies unsere Wahrnehmung und unser Denken und Handeln ‚fragmentiert'. Tatsächlich bestünde die Welt aus fließenden Übergängen und nicht aus klar voneinander abgrenzbaren Kategorien. Bohm (1998) bettet seine Überlegungen weiterhin in ökologische, gesellschaftliche und industrielle Probleme ein. Ökologische (gesellschaftliche, industrielle) Probleme entstehen durch unsere Art des Denkens und können nicht mit denselben Denkprozessen gelöst werden, die dieses Problem erst hervorbringen. [2]

Nicht nur auf gesellschaftlicher Ebene, sondern auch auf organisationaler Ebene erfordern komplexe Probleme sowohl das Revidieren von Annahmen (beispielsweise weil sich der Markt, Gesetze usw. ändern) als auch wirkliche Kooperation, d.h. das Zusammenarbeiten, um gemeinsam etwas Neues zu schaffen (siehe z.B. Senge 1996; 2006, für Beispiele zur Überholung fundamentaler Annahmen über den Kunden und den Markt). Hierzu müssen

---

[1]   Also Landkarte und Gebiet verwechselt, s. Kap. 8.1.

[2]   Dieses Grundverständnis teilt ein anderer Physiker, nämlich Albert Einstein (1879–1955), der dies wie folgt formulierte: „Probleme kann man niemals mit derselben Denkweise lösen, durch die sie entstanden sind." Dies verweist auf die Grundidee des Reframings, bei dem es u.a. darum geht, die Kategorie des Verhaltens zu wechseln und nicht einfach nur ein anderes Element derselben Verhaltenskategorie auszuüben (s. Kap. 9).

Ideen ,frei fließen' können, was durch autoritäre Strukturen eher verhindert wird.

Herkömmliche Verfahren wie Debatten oder Diskussionen, in denen das ,Gewinnen' im Vordergrund steht, der ,Angriff' auf die Positionen oder Argumente des anderen, der ,Austausch' von Meinungen oder das Überzeugen der Gegenseite, erweisen sich hier oftmals als ineffektiv. Der etymologische Ursprung der Wörter ,Debatte' und ,Diskussionen' stellt dies auch heraus. ,Debatte' und ,debattieren' entwickelt sich im 18. Jahrhundert aus dem französischen *débat*, d.h. ,Wortgefecht'. Dem zugrunde liegt das lateinische Wort *battere* bzw. *battuere*, d.h. ,schlagen' (Mackensen 1985, S. 94). Man liefert sich also ein Gefecht mit Worten, mit denen man aufeinander ,einschlägt'. Ähnlich verhält es sich bei ,Diskussion' bzw. ,diskutieren', die sich im 16. Jahrhundert aus dem lateinischen *discutere*, d.h. ,auflösen', entwickeln. Der Bestandteil *dis* verweist dabei auf ,auseinander', der Bestandteil *quatere* auf ,erschüttern' (Mackensen 1985, S. 101). In seiner späteren Bedeutung verweist die Diskussion auf die Untersuchung, Prüfung und Revision der Staatsfinanzen (*discussio*, n.d.). Der Dialog hingegen hat seinen Ursprung im französischen *dialogue*, dem Gespräch, was sich wiederum vom lateinischen *dialogus* und griechischem *diálogos* herleitet (Mackensen 1985, S. 99).

10.2 Der Dialog

Anhand der obigen etymologischen Abgrenzungen ergibt sich bereits ein erster Anhaltspunkt zur Bestimmung dessen, was man unter Dialog verstehen kann. Isaacs (1999) definiert bzw. unterscheidet den Dialog, die Diskussion und die Debatte wie folgt: Jedem dieser Gesprächsformen liegt die grundlegende Entscheidung zugrunde, ob man primär an seinen Ansichten und Positionen festhalten will oder bereit ist, diese bewusst loszulassen. Ist man bereit diese aufzuheben, begibt man sich in einen Dialog – hält man daran fest, so begibt man sich in eine Diskussion oder Debatte.

Der Dialog ist dadurch gekennzeichnet, dass man sich nicht mit seinen Ansichten identifiziert und unvoreingenommen zuhört. Hieraus kann das entstehen, was Isaacs (1999) einen ,reflektiven Dialog' nennt, bei dem man die einem Problem zugrunde liegenden Ursachen, Regeln, Annahmen untersucht, um so zu einem tieferen Verständnis, zu grundlegenden Fragen oder Sichtweisen zu gelangen. Hieraus kann ein ,generativer' Dialog entstehen, in dem ein kollektiver ,Flow' und ganz neue Möglichkeiten entstehen.

Hält man hingegen an seinen Ansichten und Positionen fest, so entsteht eine defensive Grundhaltung – man verteidigt die Position, anstatt sie in der Schwebe zu halten. Auch bei der dann entstehenden Diskussion sieht Isaacs (1999) einen Entscheidungspunkt, der sich auf die Möglichkeit bezieht, sich zu irren (und dies ggf. auch zuzugeben). In diesem Fall kann man analytisch und ,hart' argumentieren, aber auch Positionen revidieren – man führt eine ,kunstvolle Diskussion'. Lässt man dies hingegen nicht zu, so geht es eher um Interessenvertretung, Wettbewerb und darum, zu ,gewinnen' – eine ,kontrollierte Diskussion'. Wird diese wiederum ,hart' geführt und auf den Gesprächspartner (dann: Gegner) eingeschlagen, so begibt man sich von der kontrollierten Diskussion in die ,Debatte'.

Beide Gesprächsformen – der Dialog und die Diskussion – sind jedoch im sozialen Miteinander notwendig. Beim Dialog geht es eher darum, neue Möglichkeiten zu erkunden und Althergebrachtes zu hinterfragen. Der Dialog öffnet das Gespräch auf der Suche nach neuen Möglichkeiten. Die Diskussion führt das Gespräch hingegen eng, um eine Entscheidung zu treffen.

Die Gegensätzlichkeit von gemeinsamen Denken und diskursiven ,Fronten' bringt Isaacs (1999, S. 19; Hervorhebungen im Original) zu folgender Bestimmung des Dialogs: *„Dialogue*, as I define it, is a *conversation with a center, not sides.“* An anderer Stelle definiert Isaacs den Dialog auch als „beständiges Hinterfragen von Prozessen, Sicherheit und Strukturen, die menschlichen Gedanken und Handlungen zugrunde liegen" (M. Hartkemeyer / Hartkemeyer / Dhority 1998, S. 63).

Steht bei Bohm eher die Fragmentierung des Denkens durch die abendländische rational-analytische Denkweise im Vordergrund, so stellt Buber (1962) eher das Selbst und die Beziehung in den Fokus der Betrachtung.

Für Buber gibt es zwei unterschiedliche Wesenshaltungen. Er führt dieses anhand der ,Grundworte', die der Mensch zu sprechen vermag aus. Dabei sind die Grundworte immer Wortpaare. Das erste Wortpaar ist das ,Ich – Du', das zweite das ,Ich – Es'. Die Grundworte werden dabei mit dem ,Wesen' gesprochen, d.h. man kann sie als fundamentale innere Haltung oder Seinsweise verstehen. Dabei schwingt immer das jeweilige ,Ich' mit, wenn ein ,Du' oder ,Es' gesprochen wird – der Beobachter, das jeweilige Wesen des Menschen, wird also immer mit einbezogen. So gesehen gibt es keine objektiven, vom Menschen unabhängigen Beobachtungen.

Das Grundwort ,Ich – Du' stiftet dabei die Welt der Beziehungen, das Grundwort ,Ich – Es' die Welt der Erfahrungen (Buber 1962, S. 10).

In der Beziehung geht der Mensch mit seinem ganzen Wesen auf – gewissermaßen wird die Trennung zwischen Beobachter und Beobachtetem aufgehoben, sie bilden eine Einheit. Dabei kann sich die Beziehung auf die Natur (z.b. Steine, einen Baum, Tiere), auf andere Menschen oder auf ‚geistige Wesenheiten' (Buber 1962, S. 10) beziehen. Die Beziehung ist *zwischen* dem Ich und dem Du, nicht *im* Ich.

In der Erfahrung jedoch ist diese Trennung vorhanden. Das Es – was auch andere Menschen, also andere ‚Ers' und ‚Sies' sein können – ist vom Ich getrennt, etwas vom Menschen Unabhängiges, was der Mensch dann nur noch erfährt. Die Erfahrung ist im Ich, nicht zwischen Ich und Es. Die Naturwissenschaften, gesellschaftlichen Institutionen und die Ökonomie, die den Menschen ‚vergegenständlichen', sind der Es-Welt zuzurechnen.

Buber (1962, S. 282) konstatiert, dass die Leute im Allgemeinen nicht wirklich zueinander sprechen. Der andere tritt nicht als wirkliches Wesen in das Gespräch, sondern nur als Instanz, deren Aufgabe es ist, dem einen zuzuhören. Diesem ‚Gerede' stellt Buber (1962, S. 283) das ‚echte Gespräch' gegenüber: „Die Hauptvoraussetzung zur Entstehung eines echten Gesprächs ist, daß jeder seinen Partner als diesen, als eben diesen Menschen meint." Es geht darum, den anderen „als Ganzheit und doch zugleich ohne verkürzende Abstraktionen, in aller Konkretheit erfahren." (Buber 1962, S. 284). Das setzt voraus, dass man vom ‚Wesen' aus spricht, also ‚rückhaltlos' und ‚authentisch', und nicht ein falsches Bild von sich aufbaut. Das dialogische Gespräch vollzieht sich somit „zwischen Partnern, die sich einander in Wahrheit zugewandt haben, sich rückhaltlos äußern und vom Scheinenwollen frei sind" (Buber 1962, S. 295). Anders als die oben angesprochene ‚Zuhör-Instanz' wird der andere als ‚Partner' erfahren, d.h. dessen Sein bestätigt, „zu ihm als Person Ja gesagt" (Buber 1962, S. 293).

Der Dialog bewegt sich also auf sehr verschiedenen Ebenen. Er hat eine existenzielle Seite, in der die Begegnung oder die lebendige Beziehung zwischen Menschen im Vordergrund steht. Er hat eine soziale Seite, bei der es um ‚gemeinsames Denken' geht. Er ermöglicht Selbsterkenntnis in dem Prozess, seine eigenen Denkprozesse und Grundannahmen zu erforschen. Und gleichzeitig ermöglicht er den Aufbau ‚geteilten Wissens' und eines gemeinsamen Verständnisses (*shared meaning*), da das Untersuchen des Denkprozesses ein gemeinsamer Prozess ist.

10.2.1 Formen des Dialogs

Dialoge können dahingehend unterschieden werden, ob sie zufällig oder geplant zustande kommen, ob sie sich auf Unternehmen oder den Nonprofit-Bereich (politisch, gesellschaftlich, in der Schule, mit Straffälligen usw.) beziehen und inwiefern ein Thema vorliegt oder nicht. Ein zufällig stattfindender Dialog wird hier als ‚einfacher Dialog‘ bezeichnet. Ein geplanter Dialog im nonprofit-Bereich ist entweder ‚generativ‘ (ohne Thema) oder ‚themenzentriert‘. Ein geplanter Dialog im Unternehmen wird als ‚strategischer Dialog‘ bezeichnet.

- **Einfacher Dialog**
  Der einfache Dialog ist ein Gespräch zwischen mindestens zwei Personen, der durch offenes und unvoreingenommenes Zuhören und generatives, d.h. erkundendes Sprechen gekennzeichnet ist. Er findet zufällig statt, wird ohne die üblichen Utensilien (Sitzkreis, Redestein, Einführung in den Dialog, Klangschale usw.) durchgeführt und entwickelt sich aus der Situation heraus.

- **Generativer und themenzentrierter Dialog**
  Der generative Dialog ist ein geplantes Zusammenkommen einer Gruppe von Menschen, die von einem Dialog-Begleiter (engl. *dialogue facilitator*) unterstützt wird. Der generative Dialog verfolgt eher das Ziel, „Kommunikationsstrukturen und die Art unseres Denkens" (M. Hartkemeyer et al. 1998, S. 119) zu untersuchen. Das Thema eines generativen Dialogs ist im Prinzip egal, da es nur der vordergründige Gegenstand ist, anhand dessen die vorhandenen Denk- und Kommunikationsmuster aufgedeckt werden können. Anstelle eines offenen Themas kann der Dialog auch themenzentriert durchgeführt werden.[3]
  Bohm (1998, S. 48) betont, dass sich Dialoggruppen regelmäßig treffen sollten, etwa in wöchentlichem und zweiwöchentlichem Abstand über einen längeren Zeitraum von ein, zwei Jahren oder länger. Als optimale Gruppengröße sieht er zwanzig bis vierzig Personen an (Bohm 1998, S. 43f.). In dieser Gruppengröße hat man ein ausreichendes Maß an Diversität versammelt. Kleinere Gruppen können noch länger ‚um das heiße Eisen‘ herum reden, aber ab einer gewissen Gruppengröße wird dies zunehmend schwieriger. Ab vierzig Personen wird es normalerweise problematisch, alle Personen in einem Kreis unter zu bringen.
  Da der Dialog ein Gespräch unter Gleichen ist, erweist sich jede Autorität für den Prozess als hinderlich (Bohm / Factor / Garrett 1991). Der Dialog-

---

3 Für Beispiele zu generativen oder themenzentrierten Dialogen siehe Isaacs 1999, Hartkemeyer / Hartkemeyer 2005 sowie M. Hartkemeyer et al. 1998.

Begleiter wird zwar in bestimmten Situationen hilfreich eingreifen, doch ist er ebenso Teil der Gruppe und des Dialogprozesses, und sollte nicht als (externe) Autorität auftreten. Je länger eine Gruppe den Dialog zusammen übt, desto geringer wird die Bedeutung eines Dialog-Begleiters.

- **Strategischer Dialog**
  Der strategische Dialog bezieht sich auf Dialoge in Unternehmen. Wie beim themenzentrierten Dialog liegt ein festes Ziel vor, das üblicherweise durch Fragen der Effizienz, Effektivität, des Business-Models oder strategischer Ziele und Vorgehensweisen geprägt ist. Er wird ebenfalls mit einem Dialog-Begleiter durchgeführt. Senge (1996, 2006) ordnet den Dialog als Werkzeug des organisationalen Lernens ein. Er sieht den Dialog als Teil des ,Team-Lernens', wo er hilft, komplexe Fragestellungen zu ergründen, während die gewonnenen Erkenntnisse in einer Diskussion abgewogen und in eine Entscheidung überführt werden.[4]

10.2.2 Dialogprozess

In einem prototypischen Dialogprozess sitzen alle Teilnehmer im Kreis. Im Zentrum des Kreises steht eine Klangschale und liegt ein Redestein. Die zentralen Elemente des Dialogs bzw. die Dialogfähigkeiten können den Teilnehmern noch einmal kurz und prägnant ins Bewusstsein gehoben werden.

Die Runde beginnt mit einem ,Check-in'. Jeder Teilnehmer kann kurz (ein bis zwei Minuten, je nach Gruppengröße) sein Befinden oder ein Thema, dass ihm am Herzen liegt, nennen. Hier kann bereits der Redestein eingeführt werden (dann wandert er einfach im Kreis). Entweder kann der Seminarleiter (Dialog-Facilitator) auf die Zeit achten und beispielsweise den Arm heben, oder die nächste Person in der Reihe achtet auf die Zeit und steht auf, wenn die Zeit um ist.

Nach dem Check-in folgt der eigentliche Dialogprozess. Der Redestein liegt hierzu in der Mitte des Kreises. Wer sprechen möchte, geht in die Mitte des Raums und holt sich den Redestein. Nach der Rede legt er ihn wieder zurück. Die nächste Person kann sich den Stein nehmen. Wenn sich das Gespräch dennoch zu schnell entwickelt, kann der Prozess mit der Klangschale angehalten werden. Solang die Schale klingt, sprechen die Teilnehmer

---

4   Für Beispiele zum strategischen Dialog siehe Isaacs 1999, Hartkemeyer / Hartkemeyer 2005, M. Hartkemeyer et al. 1998 sowie Gerard / Ellinor 1998.

nicht. Der Dialog endet mit einem Check-out, der denselben Regeln wie der Check-in folgt.

Die jeweiligen Dialogfähigkeiten werden separat vermittelt. Auch können bestimmte Fähigkeiten separat eingeübt werden (Für Beispiele: Hartkemeyer / Hartkemeyer 2005; M. Hartkemeyer et al. 1998).

10.2.3 Kernfähigkeiten des Dialogs

Die drei für einen Dialog wichtigen Fähigkeiten bzw. Handlungen lassen sich wie folgt zusammenfassen:
- Höre so zu, dass andere gern reden.
- Rede so, dass andere gern zuhören.
- Halte deine Urteile und Bewertungen in der Schwebe.

Der erste Aspekt ist kann auch als *offenes und unvoreingenommenes Zuhören* charakterisiert werden. Die dabei aufkommenden Bewertungen und Urteile werden dann in der Schwebe gehalten und können so untersucht werden. Der zweite Aspekt wird auch als *generatives und erkundendes Sprechen* bezeichnet. Dabei werden nicht nur die Ergebnisse des Denkens, sondern auch die Zwischenstufen des Prozesses (Annahmen, Urteile, Erfahrungen) erzählt, damit diese wiederum untersucht werden können.

Hartkemeyer et al. (1998, S. 78–95) formulieren um diesen Kern zehn ‚Fähigkeiten‘, die für das Führen eines Dialogs notwendig sind. Dabei handelt es sich jedoch eher um miteinander verbundene Handlungen, Fähigkeiten, Eigenschaften und innere Haltungen. Diese werden im Folgenden näher beschrieben:

- **Lernhaltung**
  Im Dialog geht es darum, zu lernen, und nicht darum, andere mit unserem Wissen zu beeindrucken. Dementsprechend bemühen wir uns, die Haltung eines Lernenden und nicht die eines Wissenden einzunehmen. Ein Lernender ist offen für das, was ihm begegnet, in gewisser Weise ‚unbedarft‘. Er weiß womöglich, dass er nicht weiß. Er ist sich dessen bewusst, dass seine Sicht der Dinge nur eine von vielen möglichen ist – und nicht die Wahrheit an sich.
  Weiterhin gehört zur Lernhaltung eine Neugier, die Denk- und Verhaltensmuster von uns und anderen zu erkunden und die Bereitschaft, diese gegebenenfalls in Frage zu stellen. Die Lernhaltung kann dabei als Über-

begriff verstanden werden, der andere Aspekte wie den radikalen Respekt und die Offenheit mit einschließt.

- **Radikaler Respekt**
  Jemanden anderen zu respektieren bedeutet im Dialog, dessen Person als „legitim" (M. Hartkemeyer et al. 1998, S. 98) anzuerkennen. Das heißt, wir erkennen die Menschlichkeit der anderen Person und deren Gleichwertigkeit mit uns an. In Verbindung mit der Lernhaltung heißt dies auch ‚Empathie' – wir können uns in den anderen hineinversetzen und die Welt mit dessen Augen sehen, hören und fühlen.

- **Offenheit**
  Offenheit ist die Voraussetzung dafür, dass es etwas Neues entstehen kann. Dies gilt sowohl für den Geist, d.h. das Suspendieren von alten Überzeugungen, als auch für die Kommunikation, die sich in der Gruppe ergibt. Die Voraussetzung für Offenheit ist das Vertrauen, dass man im Dialog nicht angegriffen und verletzt wird.

- **Von Herzen sprechen**
  Von Herzen sprechen meint von dem zu reden, was einem wirklich wichtig ist. Das schließt ein, auf den Punkt zu kommen und sich auf das Wesentliche zu beschränken. Statt kompliziertem ‚Kopfkino' oder abstrakten ‚Hirnereien' stehen die eigenen Erfahrungen, Gefühle und Gedanken im Vordergrund. Das heißt auch, dass man ‚ehrlich' spricht und sich nicht verstellt. Der Imperativ „Sprich von Herzen …" wird dabei ergänzt von einer zweiten Anweisung, nämlich: „… und fasse dich kurz!"

- **Zuhören**
  Das vorbehaltlose Zuhören einer anderen Person gleicht einer existenziellen Begegnung, da wir ‚ganz und gar' bei der anderen Person sind. Dabei geht es auch um empathisches Zuhören, d.h. um ein Zuhören ‚mit dem Herzen', mit dem weniger auf die vordergründigen Worte, sondern auf die dahinter stehende Person geachtet wird. Empathisches Zuhören erleichtert den anderen Teilnehmern Offenheit, da die Sprecher sich nicht selber zensieren oder eine Rolle spielen müssen, sondern authentisch sie selbst sein können. Weiterhin bedeutet empathisches Zuhören auch radikalen Respekt, da man den anderen in seinem ‚So-sein' achtet und anerkennt.

- **Verlangsamung**

  Unsere Gedanken entstehen blitzschnell und sind auch genauso schnell wieder verschwunden, werden von neuen Gedanken abgelöst (s.u. ‚Leiter der Schlussfolgerungen‘). Ebenso kann sich ein Gespräch entwickeln, das schnell von Thema zu Thema, Sprecher zu Sprecher hüpft. Im Dialog wird dieser Prozess jedoch verlangsamt. Zum einen wird so eine gemeinsame Geschwindigkeit gefunden, in der keiner abgehängt wird. Zum zweiten wird so Zeit gewonnen, um bestimmte Themen wirken zu lassen, Implikationen zu verstehen oder klärend nachzufragen. Schlussendlich hat so auch jeder Einzelne die notwendige Zeit, um sich selbst und sein Denken zu beobachten und zu den Wurzeln seines Denkens vorzustoßen.

- **Aufheben von Bewertungen und Annahmen**

  Damit Neues entstehen kann, bedarf es der Offenheit. Das bedeutet, dass das Alte, das bislang Vorhandene, zumindest zeitweilig weichen muss, um Platz für das Neue zu schaffen. Im Dialog geht es dabei um die alten Überzeugungen (das bislang aktive Modell der Welt), die zumindest zeitweilig aufgehoben (suspendiert) werden müssen, um neue Ideen zu untersuchen. Um eigene Bewertungen und Annahmen zu untersuchen und diese anderen zur Untersuchung zur Verfügung zu stellen, müssen diese auch ‚in der Schwebe‘ gehalten werden. Dies bedeutet, dass man sich nicht mehr mit den Bewertungen und Annahmen identifiziert, sondern sich von Ihnen löst und gewissermaßen vor sich und den anderen im Raum schweben lassen kann, um sie zu untersuchen. Eine andere Metapher wäre die der Brille oder sogar von Kontaktlinsen, derer man sich nach langem Tragen gar nicht mehr bewusst ist – man hat sich an sie gewöhnt und hält den Blick durch die Gläser für normal. Beim ‚Suspendieren‘ würde man die Brille bzw. Linsen abnehmen, sie vor sich halten und untersuchen, inwiefern sie den Blick verzerren oder beeinflussen. Hierzu bedarf es der Verlangsamung des Prozesses und Offenheit. So können die jeweiligen Gedanken bewusst gemacht, diese entlang der ‚Leiter der Schlussfolgerungen‘ untersucht und die den jeweiligen Gedanken zugrunde liegenden Annahmen identifiziert und untersucht werden.

Exkurs – Leiter der Schlussfolgerungen

Die ‚Leiter der Schlussfolgerungen' (engl. *ladder of inferences*) wurde ursprünglich von Chris Argyris (*1923) entwickelt (Argyris 1982) und von Peter Senge (*1947) in seinem Werk *Die fünfte Disziplin* (1996, 2006) einen größeren Leserkreis bekannt gemacht. Eine übersichtliche Einführung zur Leiter der Schlussfolgerungen gibt Ross (1996).

Das Modell der Leiter der Schlussfolgerungen beruht auf der Annahme, dass Menschen ‚mentale Modelle' haben, die ihre Handlungen leiten (Argyris / Schön 1974). Die Leiter der Schlussfolgerungen veranschaulicht den Zusammenhang zwischen Beobachtungen, Erwartungen und Handlungen. Zum einen wird deutlich, welche kognitiven Zwischenschritte unbewusst und blitzschnell durchlaufen werden. Zum anderen wird deutlich, wie wir unserer Beobachtungen von unseren Erwartungen leiten lassen.

Im Folgenden wird die Leiter der Schlussfolgerungen nach Ross (1996) zusammen gefasst: Auf der untersten Ebene der Leiter der Schlussfolgerungen befinden sich die beobachtbaren Daten – im Prinzip alles das, was eine Videokamera und ein Tonband aufzeichnen könnten. Aus diesem Feld werden Daten ausgewählt, die dann mit ‚Bedeutung' versehen werden. Dies geschieht vor dem jeweiligen kulturellen und persönlichen Hintergrund. Aufgrund der Bedeutung werden ‚Annahmen' über die Situation gebildet und ‚Schlussfolgerungen' gezogen. Hieraus entstehen ‚Überzeugungen' über die Welt.

Diese Überzeugungen leiten zum einen unsere ‚Handlungen'. Zum anderen beeinflussen unsere Überzeugungen wiederum, welche ‚Daten' wir beim nächsten Mal auswählen. Es handelt sich hierbei also eine Feedbackschleife, die selbsterfüllenden Charakter hat (siehe auch Kapitel 3.4).

- **Produktiv plädieren**

  Das produktive Plädieren stellt darauf ab, dass wir zwar für bestimmte Positionen Stellung beziehen können, dies aber auf eine bestimmte (produktive) Weise tun. Hierbei geht es darum, nicht nur das Ergebnis unseres Denkprozesses zu präsentieren (also unsere Schlussfolgerungen), sondern den Prozess offenzulegen, der zu diesem Ergebnis geführt hat. Wir stellen also auch unsere Überzeugungen und Annahmen vor, die bei dem Prozess entscheidend beteiligt sind. Auf diese Weise können die Annahmen und der Beteiligte Schlussfolgerungsprozess sowohl von uns selbst als auch der Gruppe untersucht werden.

Das produktive Plädieren kann dadurch unterstützt werden, dass man die anderen ermutigt, Lücken in der Argumentation oder andere Schlussfolgerungen und Bewertungen anzusprechen.

- **Eine erkundende Haltung üben**
  Die erkundende Haltung ist Teil der Lernhaltung. Sie steht einer Haltung des ‚Wissens‘ gegenüber, in der man schon überzeugt ist, die richtige Ansicht zu kennen. Die erkundende Haltung ist durch das aktive Erkunden der Wahrnehmungen, Empfindungen, Gefühle, Gedanken, Schlussfolgerungen, Überzeugungen usw. gekennzeichnet. Sie ist allerdings nicht inquisitorisch, sondern durch das aufrechte Interesse am Anderen charakterisiert.

- **Den Beobachter beobachten**
  Um unseren Denkprozess und dessen Grundlagen zu erkundigen, müssen wir uns selbst beobachten. Dies setzt eine gewisse Form der Aufmerksamkeit voraus, die sich nicht mit unserem Denken und Fühlen identifiziert, sondern dieses mit freundlicher Aufmerksamkeit registriert. Diese Art der Achtsamkeit kennen wir – wenn überhaupt – aus Konzentrations- oder Meditationsübungen.
  Bei der achtsamen Selbstbeobachtung spielen die Fähigkeiten, Spannungen auszuhalten und Handlungsimpulse zurückzuhalten, eine wichtige Rolle. Wenn sich Spannungen – z.B. Kritik o.ä. aufbauen, ist dies eine wunderbare Möglichkeit, seine eigenen Reaktionen zunächst zu beobachten. Hierzu gehört auch der Impuls, zu handeln – beispielsweise sich zu rechtfertigen. Auch dieser kann zunächst nur beobachtet (d.h. auch in der Schwebe gehalten) werden, bevor man sich zu einer Stellungnahme entschließt.[5]

---

5 Eine Möglichkeit, Achtsamkeit sich selbst gegenüber zu üben, findet sich im Focusing (Gendlin 1998; Weiser Cornell 1997). Auch bei Gilligan 1998 und Kabat-Zinn 2009 finden sich Übungen, um sich selbst zu zentrieren und eine achtsame Aufmerksamkeit sich selbst gegenüber einzunehmen.

10.3 Übungen

Kontrollierter Dialog

Der kontrollierte Dialog stellt eine Vorform des Dialogs dar. Er beinhaltet in seiner Struktur sowohl die Elemente der Verlangsamung, der Perspektivenübernahme und der Paraphrasierung.

Zunächst einigen sich A und B über ein kontroverses Thema. Dies kann jedes beliebige Thema sein, vom ‚sofort nach dem Essen soll jeder den Abwasch machen‘ bis zu ‚Sexualstraftäter sollte man lebenslang wegsperren‘. Dabei ist wichtig, dass Teilnehmer am kontrollierten Dialog nicht zu viele verschiedene Aspekte ausführen, sondern lieber nur einen Aspekt, da dies das Gedächtnis des anderen entlastet. Die Struktur der Übung sieht wie folgt aus:

A äußert sich zum Thema.
B wiederholt die Äußerung von A.
A bestätigt die Richtigkeit der Wiederholung.
B äußert sich zum Thema.
A wiederholt die Äußerung von B,
B bestätigt die Richtigkeit der Wiederholung.
Usw.

In der Auswertung wird erfragt, wie die Teilnehmer den Prozess erlebt haben (die Entschleunigung, das Paraphrasieren usw.).

Einfacher Dialog

Die Gruppe wird in Kleingruppen von sechs bis acht Personen eingeteilt. Zunächst soll jede Kleingruppe ein kontroverses Thema für ca. 15 Minuten *diskutieren*. Danach werden die Erfahrungen ausgewertet. Die Auswertung kann sich entlang psychischer Phänomene (wie man sich verstanden gefühlt hat, den anderen verstanden hat, welche Gefühle und Gedanken einem durch den Kopf gegangen sind) und sozialer Phänomene (wie war die Dynamik, welche Leute sind zu Wort gekommen, wie gingen die Beiträge aufeinander ein usw.).

Dann werden die Dialog-Elemente des unvoreingenommenen Zuhörens und generativen Sprechens eingeführt. Die Gruppe führt dann für ca. 15 Minuten einen Dialog. Im Anschluss findet wieder eine Auswertung statt.

10.4 Literatur

Hartkemeyer, M. / Hartkemeyer, J.F. / Dhority, L. F. (1998): Miteinander denken – Das Geheimnis des Dialogs. Stuttgart: Klett-Cotta

Hartkemeyer, J. F. / Hartkemeyer, M. (2005). Die Kunst des Dialogs. Stuttgart: Klett-Cotta

Bohm, D. (1998): Der Dialog. Das offene Gespräch am Ende der Diskussionen (6. Auflage 2011). Stuttgart: Klett-Cotta

Buber, M. (1962): Das dialogische Prinzip (10. Auflage 2006). Gütersloh: Gütersloher Verlagshaus

Gerard, G. / Ellinor, L. (1998): Dialogue – Rediscover the Transforming Power of Conversation. New York: John Wiley & Sons

Isaacs, W. (1999): Dialogue and the art of thinking together. New York: Currency

11. Literatur

Arendt, H. (2006): Eichmann in Jerusalem. Ein Bericht von der Banalität des Bösen. München: Piper

Argyris, C. (1982): Reasoning, Learning, and Action. San Franzisco: Jossey-Bass

Argyris, C. / Schön, D. (1974): Theory in practice: Increasing professional effectiveness. San Francisco: Jossey-Bass

Bandler, R. / Grinder, J. (1981): Neue Wege der Kurzzeittherapie. Paderborn: Junfermann

Bandler, R. / Grinder, J. (1984): Metasprache und Psychotherapie (12. Auflage 2010). Paderborn: Junfermann

Bandler, R. / Grinder, J. (1985): Reframing. Paderborn: Junfermann

Bandler, R. / Grinder, J. / Satir, V. (1976): Mit Familien reden: Gesprächsmuster und therapeutische Veränderung. München: Pfeiffer

Bateson, G. (1972): Steps to an Ecology of Mind: Collected Essays in Anthropology, Psychiatry, Evolution, and Epistemology. Chicago: University of Chicago Press

Bateson, G. (1985): Double Bind. In: G. Bateson (Hg.), Ökologie des Geistes. Frankfurt/M.: Suhrkamp

Bateson, G. / Jackson, D. D. (1964): Some Varieties of Pathogenic Organization. In D. Rioch (Hg.), Disorders of Communication (S. 270–283). Baltimore: Williams & Wilkins

Bateson Research Projects (2012): Abgerufen am 8. Juni 2012 von http://www.mri.org/dondjackson/brp.htm

Berger, P. L. / Luckmann, T. (1980): Die gesellschaftliche Konstruktion der Wirklichkeit (24. Auflage 2012). Frankfurt/M.: Fischer

Biography of Don D. Jackson (2012): Abgerufen am 8. Juni 2012 von http://www.mri.org/dondjackson/bio.htm

Bohm, D. (1998): Der Dialog. Stuttgart: Klett-Cotta

Bohm, D. / Factor, D. / Garrett, P. (1991): Dialogue – A proposal. Abgerufen am 27. März 2012 von http://www.infed.org/archives/e-texts/bohm_dialogue.htm

Brehm, J. W. (1966): A theory of psychological reactance. New York: Academic Press

Bruce Patton (n.d.): Abgerufen am 8. Mai 2012 von http://www.pon.harvard.edu/faculty/bruce-patton/

Brüggemeier, B. (2010): Wertschätzende Kommunikation im Unternehmen. Paderborn: Junfermann

Buber, M. (1962): Das dialogische Prinzip (10. Auflage 2006). Gütersloher: Gütersloher Verlagshaus

Bühler, K. (1934): Sprachtheorie (3. Auflage 1999): UTB Lucius & Lucius

Casper, B. (2004): Nachwort. In: M. Buber (Hg.), Ich und Du. Ditzingen: Reclam

Clark, C. H. (1958): Brainstorming: the dynamic new way to create successful ideas. Garden City: Doubleday

Diehl, M. / Stroebe, W. (1987): Productivity loss in Brainstorming Groups: Toward the Solution of a Riddle. Journal of Personality and Social Psychology, 53(3), 497–509

Dilts, R. (2008). Die Magie der Sprache. Paderborn: Junfermann

discussio (n.d.): PONS Wörterbuch Deutsch – Latein. Abgerufen am 8. Mai 2012 von http://de.pons.eu/latein-deutsch/discussio

Dougherty, T. W. / Turban, D. B. / Callender, J. C. (1994): Confirming first impressions in the employment interview: A field study of interviewer behavior. Journal of Applied Psychology, 79(5), 659–665

Festinger, L. (1957): A theory of cognitive dissonance. Evanston: Row, Peterson and Company

Fisher, R. / Ertel, D. (1995): Getting Ready to Negotiate. New York: Penguin Books

Fisher, R. / Shapiro, D. (2005): Beyond Reason. New York: Viking

Fisher, R. / Ury, W. / Patton, B. (1984). Das Harvard-Konzept (23. Auflage 2009). Frankfurt: Campus

Gendlin, E. T. (1998): Focusing. Reinbek bei Hamburg: Rowohlt

Gerard, G. / Ellinor, L. (1998): Dialogue – Rediscover the Transforming Power of Conversation. New York: John Wiley & Sons

Gilligan, S. G. (1998): Liebe dich selbst wie deinen Nächsten. Heidelberg: Carl-Auer-Systeme

Goldberg, M. (1998): The art of the question. New York: John Wiley & Sons

Gordon, T. (1989): Managerkonferenz. München: Heyne

Grochowiak, K. / Heiligtag, S. (2002): Die Magie des Fragens. Paderborn: Junfermann

Haggbloom, S. J. / Warnick, R. / Warnick, J. E. / Jones, V. K. / Yarbrough, G. L. / Russell, T. M. et al. (2002): The 100 Most Eminent Psychologists of the 20th Century. Review of General Psychology, 6(2), 139–152

Haley, J. (1978): Gemeinsamer Nenner Interaktion. München: Pfeiffer

Hall, L. M. (2001): Communication Magic. Bancycelin: Crown House Publishing

Hall, L. M. / Bodenhamer, B. G. (2001): Mind Lines (4. Auflage). Clifton: Neuro Semantics Publications

Hartkemeyer, J. F. / Hartkemeyer, M. (2005): Die Kunst des Dialogs. Stuttgart: Klett-Cotta

Hartkemeyer, M. / Hartkemeyer, J. F. / Dhority, L. F. (1998): Miteinander Denken – Das Geheimnis des Dialogs. Stuttgart: Klett-Cotta

Helwig, P. (1967): Charakterologie. Freiburg im Breisgau: Herder

Hinz, A. / Behr, M. (2002): Biografische Rekonstruktionen und Reflexionen – Zum 100. Geburtstag von Carl Rogers. Gesprächspsychotherapie und Personzentrierte Beratung, 33(3), 197–210

Holler, I. (2005): Trainingsbuch Gewaltfreie Kommunikation. Paderborn: Junfermann

Isaacs, W. (1999): Dialogue and the art of thinking together. New York: Currency

Johnson, W. (1972): Living with change. New York: Harper

Jones, E. E. / Nisbett, R. E. (1972): The actor and the observer: Divergent perceptions of the causes of behavior. In: E. E. Jones / D. E. Kanouse / H. H. Kelley / R. E. Nisbett / S. Valins / B. Weiner (Hg.), Attribution: Perceiving the causes of behavior (S. 79–94). Morristown: General Learning Press

Kabat-Zinn, J. (2009): Full Catastrophe Living. New York: Delta

Kahnemann, D. (2011): Thinking, fast and slow. London: Allen Lane

Kanning, U. P. (2003): Diagnostik sozialer Kompetenzen (2. Auflage 2009). Göttingen: Hogrefe

Kanning, U. P. (2005): Soziale Kompetenzen. Praxis der Personalpsychologie. Göttingen: Hogrefe

Kaplan, A. (1964): The Conduct of Inquiry. Scranton: Chandler Publishing

Kim, W. C. / Mauborgne, R. A. (1997): Fair Process: Managing in the Knowledge Economy Harvard Business Review, 75, 65–75

Korzybski, A. (1950): Science and Sanity (5. Auflage 1995). Fort Worth: Institute of General Semantics.

Kriz, J. (1985). Grundkonzepte der Psychotherapie (6. Auflage 2007). Weinheim: Beltz

Kumar, M. (2009): Quantum – Einstein, Bohr and the great debate about the nature of reality. London: Icon Books

Livingston, J. S. (1988): Pygmalion in Management. Harvard Business Review (September-October)

Luhmann, N. (2001): Was ist Kommunikation? Short Cuts (S. 41–62)

Mackensen, L. (Hg., 1985): Deutsches Wörterbuch. Wiesbaden: VMA Verlag

Mai, J. / Rettig, D. (2011). Ich denke, also spinn ich. München: dtv

Marshall Rosenberg (n.d.): Wikipedia. Abgerufen am 15. März 2012 von http://en.wikipedia.org/wiki/Marshall_Rosenberg

Martin-Buber-Gesellschaft (n.d.): Martin Buber – Biographischer Überblick. Abgerufen am 26. März 2012 von http://buber-gesellschaft.de/biographie

Maturana, H. R. / Varela, F. J. (1987): The Tree of Knowledge: The Biological Roots of Human Understanding. Boston: Shambhala

McClendon, T. (2003): The wild days. Paderborn: Junfermann

Merton, R. K. (1948): The self-fulfilling prophecy. The Antioch Review, 8, 193–210

Mohl, A. (2006): Der große Zauberlehrling – Teil 1. Paderborn: Junfermann

Moskau, G. / Müller, G. F. (Hg., 1992): Virginia Satir – Wege zum Wachstum. Paderborn: Junfermann

N. N. (2007): Brainstorming. In: K. Reich (Hg.), Konstruktivistische Didaktik: Lehr- und Studienbuch mit Methodenpool, Weinheim: Beltz

Nijstad, B. / Stroebe, W. (2006): How the Group Affects the Mind: A Cognitive Model of Idea Generation in Groups. Personality and Social Psychology Review, 10(3), 186–213

O'Connor, J. (2005): NLP – das WorkBook. Kirchzarten bei Freiburg: VAK

Omer, H. / Alon, N. / Schlippe, A. v. (2007): Feindbilder – Psychologie der Dämonisierung. Göttingen: Vandenhoeck & Ruprecht

Osborn, A. F. (1953): Applied Imagination: Principles and Procedures of Creative Problem Solving. New York: Scribner

Peat, F. D. (1997): Infinite Potential – The life and times of David Bohm. New York: Basic Books

Pervin, L. A. (1993): Persönlichkeitstheorien (3. Auflage). München: Ernst Reinhard Verlag

Plate, M. (2008): Die Veränderung von Überzeugungen im Gespräch. Saarbrücken: VDM Verlag Dr. Müller

Portner, J. (2010): Besser verhandeln. Offenbach: Gabal

Roger Fisher. (n. d.): Abgerufen am 8. Mai 2012 von http://www.pon.harvard.edu/faculty/roger-fisher/

Rogers, C. R. (1973): Entwicklung der Persönlichkeit (17. Auflage 2009). Stuttgart: Klett-Cotta

Rogers, C. R. (1981a): Der neue Mensch (7. Auflage 2007). Stuttgart: Klett-Cotta

Rogers, C. R. (1981b): Die Grundlagen eines personenzentrierten Ansatzes. In C. Rogers (Hg.), Der neue Mensch (7. Auflage 2007, S. 65–84). Stuttgart: Klett-Cotta

Rogers, C. R. (1981c): Erfahrungen in Kommunikation. In C. Rogers (Hg.), Der neue Mensch (7. Auflage 2007, S. 17–36). Stuttgart: Klett-Cotta

Rogers, C. R. (2010): Die nicht-direktive Beratung. Frankfurt/M: Fischer

Rosenberg, M. B. (2001): Gewaltfreie Kommunikation. Paderborn: Junfermann

Rosenberg, M. B. (2004): Konflikte Lösen durch Gewaltfreie Kommunikation. Freiburg: Herder

Ross, L. (1977): The intuitive psychologist and his shortcomings: Distortions in the attribution process. In: L. Berkowitz (Hg.), Advances in experimental social psychology (Vol. 10, S. 174–220). New York: Academic Press

Ross, R. (1996): Die Abstraktionsleiter. In P. M. Senge / A. Kleiner / B. Smith / C. Roberts / R. Ross (Hg.), Das Fieldbook zur Fünften Disziplin (S. 279–284). Stuttgart: Klett-Cotta

Saner, R. (2008): Verhandlungstechnik (2. Auflage). Bern: Haupt Verlag

Satir, V. (1988): Meine vielen Gesichter (8. Auflage 2001). München: Kösel

Satir, V. (1990): Kommunikation, Selbstwert, Kongruenz (7. Auflage 2004). Paderborn: Junfermann

Satir, V. / Baldwin, M. (1987): Familientherapie in Aktion (6. Auflage 2004). Paderborn: Junfermann

Schlippe, A. v. (2009): Familientherapie im Überblick (12. überarbeitete Auflage). Paderborn: Junfermann

Schlippe, A. v. / Schweitzer, J. (2009): Systemische Interventionen. Göttingen: Vandenhoeck & Ruprecht

Schulz von Thun, F. (2010a): Miteinander Reden 1: Störungen und Klärungen. Reinbek bei Hamburg: Rowohlt

Schulz von Thun, F. (2010b): Miteinander Reden 2: Stile, Werte und Persönlichkeitsentwicklung. Reinbek bei Hamburg: Rowohlt

Schulz von Thun, F. (2010c): Miteinander Reden 3: Das „Innere Team" und situationsgerechte Kommunikation. Reinbek bei Hamburg: Rowohlt

Schulz von Thun, F. (2004): Klarkommen mit sich selbst und anderen. Reinbek bei Hamburg: Rowohlt

Schulz von Thun, F. (2007): Miteinander Reden: Fragen und Antworten. Reinbek bei Hamburg: Rowohlt

Schulz von Thun, F. (n.d.): Das Werte- und Entwicklungsquadrat. Abgerufen am 8. Mai 2011; von http://www.schulz-von-thun.de/index.php?article_id=72

Schulz von Thun, F. / Ruppel, J. / Stratmann, R. (2003): Miteinander Reden: Kommunikationspsychologie für Führungskräfte. Reinbek bei Hamburg: Rowohlt

Searle, J. R. (1996): The construction of social reality. London: Penguin Books

Senge, P. M. (2011): Die fünfte Disziplin. Stuttgart: Schäffer-Poeschel

Senge, P. M. (2006): The Fifth Discipline (revidierte und aktualisierte Auflage). London: Random House Business Books

Sluzki, C. E. / Beavin, J. H. (1980): Symmetrie und Komplementarität. In: P. Watzlawick / J. H. Weakland (Hg.), Interaktion. Bern: Hans Huber

Snyder, M. / Tanke, E. D. / Berscheid, E. (1977): Social perception and interpersonal behavior: On the self-fulfilling nature of social stereotypes. Journal of Personality and Social Psychology 35, 656–666

Steele, C. M. / Spencer, S. J. / Lynch, M. (1993): Self-image resilience and dissonance: The role of affirmational resources. Journal of Personality and Social Psychology, 64, 885–896

Stone, D. / Patton, B. / Heen, S. (1999): Difficult Conversations. New York: Penguin

Tannen, D. (1986): That's not what I meant (Reprint 1992). London: VIRAGO Press

Tausch, R. / Tausch, A.-M. (1990): Gesprächs-Psychotherapie (9. Auflage). Göttingen: Hogrefe

Thibaut, J. W. / Walker, L. (1975): Procedural Justice – a psychological analysis. Hillsdale: Erlbaum

Thomann, C. / Schulz von Thun, F. (2003): Klärungshilfe 1. Reinbek bei Hamburg: Rowohlt

Ury, W. (1991): Getting past no. London: Random House

Vaihinger, H. (1924, 2007): Die Philosophie des Als Ob. (2. Auflage). Leipzig: Felix Meiner

Walker, W. (1998): Abenteuer Kommunikation. Stuttgart: Klett-Cotta

Watzlawick, P. (1964): An Anthology of Human Communication. Palo Alto: Science and Behavior Books

Watzlawick, P. (1977): Die Möglichkeit des Andersseins (6. Auflage 2007). Bern: Hans Huber

Watzlawick, P. (Hg., 1985): Die erfundene Wirklichkeit (6. Auflage 2006). München: Piper

Watzlawick, P. / Beavin, J. H. / Jackson, D. D. (1969): Menschliche Kommunikation (12. Auflage 2011). Bern: Hans Huber

Watzlawick, P. / Weakland, J. H. (Hg., 1980). Interaktion. Bern: Hans Huber

Watzlawick, P. / Weakland, J. H. / Fisch, R. (1974): Lösungen (7. Auflage 2009). Bern: Hans Huber

Weiser Cornell, A. (1997): Focusing – Der Stimme des Körpers folgen. Reinbek bei Hamburg: Rowohlt

Whitehead, A. N. / Russel, B. (1910, 1912, 1913): Principia Mathematica. Cambridge: Cambridge University Press

Wicklund, R. A. / Slattum, V. / Solomon, E. (1970): Effects of implied pressure toward commitment on ratings of choice alternatives. Journal of Experimental Social Psychology, 6, 449–457

William Isaacs. (2008): Abgerufen am 26. März 2012 von http://www.dialogos.com/aboutus/bill.html

William Ury. (n.d.): Abgerufen am 26. März 2012 von http://www.pon.harvard.edu/faculty/william-ury/

Wiseman, R. (2004): The luck factor. London: Arrow Books

Wenn Sie weiterlesen möchten ...

Gerald Hüther

Bedienungsanleitung
für ein menschliches Gehirn

In der modernen Hirnforschung wurden bahnbrechende Entdeckungen gemacht. Die sogenannte Plastizität des menschlichen Gehirns bedeutet, dass es lebenslang veränderbar, ausbaubar, anpassungsfähig ist. Sogar die Masse der Gehirnzellen ist, entgegengesetzt der früheren Auffassung der Wissenschaftler, nicht endgültig festgelegt, sondern kann im Verlauf des Lebens noch zunehmen. Nach den neuesten Erkenntnissen der Hirnforscher hat die Art und Weise der Nutzung des Gehirns einen entscheidenden Einfluss darauf, welche neuronalen Verschaltungen angelegt und stabilisiert oder auch destabilisiert werden. Die innere Struktur und Organisation des Gehirns passt sich also an seine konkrete Benutzung an.
Wenn das Gehirn eines Menschen aber so wird, wie es gebraucht wird und bisher gebraucht wurde, dann stellt sich die Frage, wie wir eigentlich mit unserem Gehirn umgehen müssten, damit es zur vollen Entfaltung der in ihm angelegten Möglichkeiten kommen kann.

In einer leicht lesbaren, bildreichen Sprache geht der Neurobiologe Gerald Hüther diesem Fragenkomplex nach und gelangt zu Erkenntnissen, die unser gegenwärtiges Weltbild erschüttern und die uns zwingen, etwas zu übernehmen, was wir bisher allzu gern an andere Instanzen abgegeben haben: Verantwortung.

Gerald Hüther

Die Macht der inneren Bilder

Wie Visionen das Gehirn, den Menschen und die Welt verändern

Innere Bilder – das sind all die Vorstellungen, die wir in uns tragen und die unser Denken, Fühlen und Handeln bestimmen. Es sind Ideen und Visionen von dem, was wir sind, was wir erstrebenswert finden und was wir vielleicht einmal erreichen wollen. Es sind im Gehirn abgespeicherte Muster, die wir benutzen, um uns in der Welt zurechtzufinden. Wir brauchen diese Bilder, um Handlungen zu planen, Herausforderungen anzunehmen und auf Bedrohungen zu reagieren. Aufgrund dieser inneren Bilder erscheint uns etwas schön und anziehend oder hässlich und abstoßend.
Innere Bilder sind also maßgeblich dafür, wie und wofür wir unser Gehirn benutzen.

Woher kommen diese inneren Bilder? Wie werden sie von einer Generation zur nächsten übertragen? Was passiert, wenn bestimmte Bilder verloren gehen? Gibt es innere Bilder, die immer weiterleben? Benutzen nur wir oder auch andere Lebewesen innere Bilder, um sich im Leben zurechtzufinden? Gibt es eine Entwicklungsgeschichte dieser inneren Muster?

Der Hirnforscher Gerald Hüther sucht in seinem neuen Buch nach Antworten auf diese Fragen – nicht als Erster, aber erstmals aus einer naturwissenschaftlichen Perspektive. So schlägt er eine bisher ungeahnte Brücke zwischen natur- und geisteswissenschaftlichen Weltbildern, die eine Verbindung zwischen materiellen und geistigen Prozessen, zwischen der äußeren Struktur und der inneren Gestaltungskraft aller Lebensformen schafft. Diese Synthese gelingt dem Autor mit der ihm eigenen Leichtigkeit in der Darstellung.

Annemarie Jost

Rhythmen der Kommunikation

Wie zwischenmenschliche Abstimmung gelingt

Erfolgreiche Kommunikation ist auch eine Sache des Timings.
Geschwindigkeit ist allerorten gefordert. Trotzdem gibt es
schnelle und langsame Menschen. Treffen diese aufeinander,
kann es leicht zu Konflikten kommen.

Wenn andere schneller oder langsamer sind, wenn man sich
gedrängt fühlt oder warten muss, ist das irritierend und kann
sogar zu Beziehungsproblemen führen. Manchmal wiederum
gelingen gemeinsame Handlungen wie im Fluss. Annemarie
Jost zeichnet nach, wie die Rhythmen der Kommunikation
bereits im frühen Säuglingsalter geprägt werden und sich im
Laufe des Lebens modifizieren. Insbesondere bei Fehlabstim
mungen wird deutlich, ob es um respektvolle Gegenseitigkeit
oder eher um machtbetonte Selbstdurchsetzung geht.
Der Leser wird eingeladen, sich mit seiner persönlichen Art
und Weise der zeitlichen Abstimmung mit anderen ausein-
anderzusetzen.

Mina Schneider-Landolf / Jochen Spielmann /
Walter Zitterbarth (Hg.)

Handbuch Themenzentrierte Interaktion (TZI)

Mit einem Vorwort von Friedemann Schulz von Thun

Die Themenzentrierte Interaktion (TZI) ist inzwischen mehr
als ein pädagogisch-therapeutisches Modell und eine Methode
zur Leitung von Gruppen.
Mit TZI können Lern- und Arbeitsprozesse von Menschen,
Gruppen, Teams und Organisationen reflektiert, gesteuert und
geleitet werden. Prozesse der Work-Life-Balance lassen sich
durch TZI gestalten und Empowerment fördern.

Heute wird TZI sehr erfolgreich in der Erwachsenenbildung,
Schule, Wirtschaft, Beratung, Kirche, Führungskräfteentwick-
lung und anderen Bereichen angewandt. Das Handbuch beschreibt in kurzen Beiträgen 53 zentrale Begriffe der TZI, ihre
Entstehung und ihre Weiterentwicklung. Damit wird erstmals
der aktuelle Stand des Konzepts übersichtlich, systematisch
und wissenschaftlich reflektiert dargestellt.

Alexander Thomas / Eva-Ulrike Kinast /
Sylvia Schroll-Machl (Hg.)

Handbuch Interkulturelle Kommunikation
und Kooperation

Band 1: Grundlagen und Praxisfelder

Band 2: Länder, Kulturen und interkulturelle Berufstätigkeit

Das Grundlagenwerk für Fach- und Führungskräfte in Wirtschaft, Verwaltung und Gesellschaft sowie Personalentwickler,
Trainer und Coaches zur interkulturellen Handlungskompetenz.
Die Fähigkeit zur interkulturellen Kommunikation und Kooperation mit Menschen aus unterschiedlichen Nationen wird
immer bedeutsamer. Interkulturelle Handlungskompetenz ist
inzwischen eine Schlüsselqualifikation für den Arbeitsmarkt.
Die Beiträge dieses Handbuchs erläutern die Grundlagen interkulturellen Handelns und behandeln interkulturelle Praxisfelder in Unternehmen wie Marketing, Verhandlungsführung,
Rhetorik, Personalentwicklung, Konfliktmanagement, Projekt-
management.

Band 2 bietet spezifische Informationen zu ausgewählten
Kulturregionen und einen Überblick über interkulturelle Pro-
blemstellungen und Anforderungen in den unterschiedlichsten
Berufsfeldern, in denen Internationalität und interkulturelle
Kompetenz gefordert sind.

Jürgen Bolten

Einführung in die
Interkulturelle Wirtschaftskommunikation

Weshalb kommen Werbebotschaften nicht in allen Ländern
gleich an? Warum schmeckt Instantkaffee in Deutschland
anders als in Griechenland? Wie können Firmen ihren ins Aus-
land entsandten Mitarbeitern einen Kulturschock ersparen?

Jürgen Bolten führt mit diesem Band in eine neue Schnitt-
stellendisziplin ein. Im theoretischen Teil wird erläutert, was
unter Kommunikation, Kultur und (inter-)kulturellem Handeln
zu verstehen ist. Der anwendungsorientierte Teil befasst sich
mit interkultureller Organisationslehre und Personalentwicklung sowie mit interkulturellem Marketing. Zahlreiche Litera-
turhinweise, Übungsaufgaben, Abbildungen und Praxisbeispiele
sorgen für eine abwechslungs- und lehrreiche Lektüre.

Interkulturalität für die Tasche

Christoph Barmeyer
Taschenlexikon Interkulturalität

UTB 3739
2012. 176 Seiten mit 13 Abb.
und 5 Tab., kartoniert
ISBN 978-3-8252-3739-4

Auch als E-Book erhältlich:
ISBN 978-3-8385-3739-9

Bei interkulturellen Kontakten erleben Menschen Gemeinsamkeiten, aber auch Unterschiede, die verstanden und gemeistert sein wollen.

Deshalb gewinnt die Forschung hierzu zunehmend an Bedeutung. Das Lexikon präzisiert prägnant und fundiert zentrale Begriffe und Konzepte, insbesondere zu Kommunikation und Lernen.

Vandenhoeck & Ruprecht

Warum handelt der Mensch wie?

V&R

Heinz Jürgen Kaiser /
Hans Werbik
Handlungspsychologie
Eine Einführung

UTB 3741
2012. 235 Seiten mit 40 Abb., kartoniert
ISBN 978-3-8252-3741-7

Auch als E-Book erhältlich:
ISBN 978-3-8385-3741-2

Handlungstheorien versuchen, menschliches Verhalten als Handlungen zu erklären.

Diese Einführung legt dar, durch welche Grundannahmen, welches Menschenbild und welche Forschungslogik psychologische Handlungstheorien geprägt sind.

Ein Schwerpunkt der Darstellung liegt auf Anwendungsmöglichkeiten der Handlungstheorie und der aktuellen methodologischen Diskussion in den Sozialwissenschaften.

Vandenhoeck & Ruprecht